おひとりさまの介護はじめ55話

親と自分の
在宅ケア・終活10か条

ノンフィクションライター
中澤まゆみ［著］

築地書館

おひとりさまの介護はじめ55話　目次

自分らしい「終活」のための10か条

1

かかりつけ医は、いますか？

医師会のＰＲもあって、「かかりつけ医」をもつ人が増えてきました。病気の「同時多発」が起こりやすくなってくる老年期に大切になってくるのが、近隣の診療所のかかりつけ医です。「いいかかりつけ医がいれば、認知症の兆候にまっ先に気づいてくれるかもしれませんよ」などと、講演会や講座で話しているうちに、郷里の母がその好事例になりました。

当時89歳だった母の認知症を発見してくれたのは、10年来の母のかかりつけ医です。持病のC型肝炎の治療で毎週通院する母が予約を忘れがちになったため、認知症の簡単なテストをしたら点数が低かったと、東京の私の元に電話をくれました。

詳しい検査をお願いすると、アルツハイマー病の診断が出ました。父がしばらく前から「母さんは最近忘れっぽくなって」とこぼしていたのに、冷蔵庫のなかをチェックしても同じものを買い込んでいる様子もなかったので、聞き流していたのを反省しました。

かかりつけ医は、要介護認定を取るときの「意見書」も書いてくれます。かかりつけ医がいなかったために、意見書が用意できなくて困ったという話をよく聞きますが、この点でも母の持病を知り尽くしているかかりつけ医は、意見書をしっかり書いてくれました。

母のかかりつけ医は偶然にも24時間対応の訪問診療医（在宅療養支援診療所）だったので、通院ができなくなれば、訪問診療も頼めます。いいかかりつけ医を選んでいた母に、「お母さん、でかした！」と、思わず背中を叩きたくなりました。

２０１６年から、大きな病院ではかかりつけ医からの紹介状がないと、５０００円（歯科は３０００円以上）以上の初診料と２５００円（歯科は１５００円）以上の再診料が請求されることになりました。専門外の病気に対して適切な医療機関を紹介してくれる、かかりつけ医の存在はこれからますます大切になります。

そして最後に亡くなったとき。かかりつけ医がいないと死亡診断書が書けないので、警察を呼んで検死を受けることになります。

今は「医者いらず」の人も、健康診断などを通じて探していくといいですね。

2

要介護認定の訪問調査時に気をつけること

かかりつけ医のおかげで認知症が発見された母。あわてて実家に戻り、母の身の回りを確かめると、山のように薬をため込み、きちんと薬が飲めていないことが判明しました。父と話すと、家事もだんだんできなくなってきている、というので、かかりつけ医と相談し、さっそく「要介護認定の申請」をすることにしました。

私は実家のある市の介護保険課に電話をし、申請書を郵送してもらいましたが、要介護認定申請はもよりの「地域包括支援センター」でもできます。ここは高齢者の相談や支援をワンストップで行う機関で、社会福祉士、ケアマネジャー、保健師（看護師）などの専門職が、相談や介護予防マネジメントなどを行っています。

介護保険サービスの基本対象は65歳からですが、40～64歳でも、脳血管性疾患、関節リウマチ、がんの末期、若年性認知症など「16の特定疾病」に認定された人は介護保険サービスを受けることができます。

申請をすると、市区町村から調査員が「訪問調査」にやってきます。このときには本人の状態を熟知する家族などが、必ず立ち会うようにします。とくに認知症の人はいざ面談となると、きちんと対応できてしまうので、低い判定になりがち。本人への聞き取りが終わったあと、メモや会話などで調査員に実際の状態を伝え、「特記事項」として報告してもらうことも忘れないようにしましょう。

的確な判定にはこの「特記事項」と「主治医意見書」がしっかりしていることが大切です。調査訪問の際には、服装を気遣ったり部屋の掃除をしたりせず、できるだけ普段の様子を見てもらうようにしてください。

要介護認定調査の結果はコンピュータに入力され「一次判定」となり、その後、この一次判定と「主治医意見書」をもとに複数の専門家（医師など）が「二次判定」を行います。「要支援1・2」と「要介護1～5」の7段階の判定が出るのは、だいたい1か月後です。

介護保険制度については、もよりの行政の窓口や地域包括支援センターに冊子がありますので、イザというときにあわてないよう、早目に読んでおくといいと思います。

要介護認定の
7段階

軽度↓

- 要支援1
- 要支援2
- 要介護1
- 要介護2
- 要介護3
- 要介護4
- 要介護5

↓重度

3 要介護認定が出たら

介護保険の要介護認定は、訪問調査を受けてから結果が出るまでに1か月程度かかりますが、一刻も早く介護保険サービスを使いたいときは、介護保険担当窓口で「介護保険資格者証」を交付してもらいましょう。

要介護認定の申請は入院中でもできます。退院の日程が決まったら認定を申請し、「資格者証」の交付を受けると、帰宅後すぐにサービスを利用することができます。ただ、気をつけたいのは「要介護2が取れると思ったのに1だった」など、判定時に予想よりも軽い認定結果が出た場合は、超過した分が全額自己負担になってしまうこと。

それでも、自宅に戻って過ごす時間が限られている末期がんの人とそのご家族などには、この「前倒し」で介護が受けられる制度をぜひ知っておいてほしいと思います。

要介護認定は1度取得したらそのままずっと使えるわけではなく、有効期間がありま す。現状では新規は6か月、更新では原則12か月、最長24か月ですが、36か月にしようという意見も最近出ています。更新の手続きは失効の60日前から。失効中の費用は自己負担になるので気をつけてください。

「こんなに要介護度が低いはずはない」と、認定結果が納得できないときは、認定から60日以内に都道府県の介護保険審査会に再審査を申し立てます。また、有効期間内に重度化したときにも、要介護度の変更申請ができます。本人の状態を説明すれば、再審査や再調査を行ってくれることが多いので、市区町村の窓口に相談しましょう。

介護保険サービスを受けるためには、「ケアプラン」が必要です。これは利用者の状態に合わせて介護の目標を設定し、どんなサービスを利用するかなどを決めるサービス利用計画のこと。

「要介護1～5」の場合は利用者が選んだケアマネジャーが、「要支援1・2」の場合は地域包括支援センターのケアマネジャーが作成するのが一般的です。

4

ケアマネジャーを探すには

要介護認定が出たら、ケアマネジャーを選びます。ケアマネジャーの役割は、利用者の要望を聞きながらケアプランを立てるだけではなく、どんな介護サービスを、いつ、どれだけ利用するかを計画し、本人ができるだけ「自立」できるよう支えること。

そして、サービスを提供する事業者（ホームヘルパー、デイサービスなど）や医療関係者（病院、訪問診療医、訪問看護ステーションなど）、ときには施設や行政とも連絡を取りながら、利用者が必要に応じた介護を受け、快適に在宅生活を送れるように本人と家族を手助けします。

ケアマネジャー探しの大きな情報源は、まずは近隣に住む友人や知人の口コミでしょう。私の場合、最初に介護が飛び込んできた14年前、ひとり暮らしの友人が認知症になったときには、近所の知人から「とても優秀」と聞いていた彼女のお母さんの担当ケアマネジャーを紹介してもらいました。私がひとり暮らしの友人の自宅介護を8年間、支援し続けられたのは、このケアマネジャーとの二人三脚のたまものです。

２０１４年、郷里の母に介護が必要になったときには、訪問診療も行っている母のかかりつけ医が、ケアマネジャーを紹介してくれました。訪問診療や往診をする医師はケアマネジャーを知っていることが多いので、心強い相談相手になってくれることがあります。

こうした手だてのないときは、行政の介護保険担当窓口や地域包括支援センターで、ケアマネジャーの所属する「居宅介護支援事業所」の一覧表をもらい、そのなかから選ぶことになります。

とはいえ、一覧表だけでは中身がさっぱりわからない。地域包括支援センターの窓口でねばっていると、ここがおすすめですよと一覧表の1点をこっそり指さしてくれる職員もいますが、そうした幸運に出会えないときは、一覧表を頼りにケアマネジャーが複数いる、お住まいの近くの事業所を実際に数か所訪ねてみるといいでしょう。

事業所の雰囲気、受け答えの仕方や態度などを通して、ある程度の判断ができますし、話してみて「この人なら」と思った人がいたら、担当してくれるかどうかを相談してみましょう。訪問看護ステーションがお近くにあったら、そこで「ケアマネジャーを探しているのですが、いい人を知りませんか」と聞いてみるのも、ひとつの手です。

ケアマネジャーの有料化が論議されていますが、いまのところ、ケアマネジャーの利用料は国から出ていますので、利用者側からの支払いは不要です。

5

介護の鍵となるケアマネジャー

介護は出口の見えないトンネルのようなもの。ときには10年以上にわたることもあります。介護家族の悩みは、その間にどんなケアマネジャーと出会えるか。介護がスムーズにいくかどうかは、ケアマネジャー次第だからです。

ケアマネジャーを探すには、介護される人のニーズで選ぶ方法もあります。ケアマネジャーの資格を取得するには、看護師、介護福祉士、社会福祉士、理学療法士など、一定の資格と5年以上の介護での実務経験が必要です。

介護される本人に医療が必要なら、看護師の経験のあるケアマネジャーを探してみるのもひとつの方法かもしれません。ケアマネジャーの中には医療の知識が少ないため、医師とのコミュニケーションが苦手な人もいるからです。

まずは何人かの候補者と実際に会って、相性を確かめてみましょう。本人や家族の話にしっかり耳を傾けてくれるかどうかは、電話の応対や会ったときの受け答えからも、ある程度わかります。

利用者の状態を正確につかみ、必要なときには駆けつけて相談に乗ってくれるフットワークの軽さと、連絡のマメさも大切なポイント。いくら伝言を残しても、連絡をくれなかったり、自分の都合や意見ばかりを押しつけたり、医療との連携が苦手なケアマネジャーでは困ります。

本人と家族に寄り添い、長い介護の日々を伴走してくれるケアマネジャーが見つかれば、介護生活は格段に楽になります。とはいえ、実際に依頼してみないとわからないこともあります。信頼関係が築けないようなら、事業所の責任者に相談し、ほかの人に替えてもらうことも考えましょう。

らちがあかなければ、事業所ごと替えてしまってもかまいません。長いおつきあいになるのですから、一緒にやっていける人かどうかが最大のポイントです。

目指すはケアマネジャーとの二人三脚。家族もただ「おまかせ」にするのではなく、どうしたら本人にとっていい介護が、家族にとっても無理なくできるのか、知恵を出し合いながら一緒に考えていきたいものです。

6

要支援でもケアマネジャーは替えられる

介護保険で介護サービスを受けるために必要な「要介護認定」。軽度の「要支援1・2」に認定されるのは、介護は必要ではないけれど日常生活に支障のある人で、サービスの内容も介護そのものではなく「介護予防」が中心とされています。

しかし、「要支援2」と「要介護1」の認定の差は紙一重。要支援のサービスは「要介護にならないために受ける」ものとされているので、「すでに人の助けが必要となっている」要介護の人とは受けられるサービスが異なります。「要介護認定が軽すぎる」と思ったら再審査を申し立ててください。

「要介護」と「要支援」では利用できるサービスや費用に加え、ケアマネジャーも異なります。「要支援」ではふつう、高齢者に対するサービスをワンストップで行う地域包括支援センターのケアマネジャーが担当します。

時折り、要支援者の家族から「ケアマネジャーがなかなか家に来てくれない」「要支援でもケアマネジャーは替えられるのか」などの相談を受けることがあります。

「要介護」のケアマネジャーには、最低月1度の訪問面談が義務付けられていますが、

「要支援」のケアマネジャーの訪問面談義務は3か月に1度。このため要介護の人の家族の話を聞いて、「あら、ウチはそんなに来てくれないわ」と誤解してしまう人が少なくありません。

また、要支援の場合でも、ケアマネジャーは月に1度は電話をかけることになっていますが、短い電話だけのこともあり、利用者や家族の不満につながることもあるようです。「要支援」でもケアマネジャーに不満がある場合は、地域包括支援センターの内部で担当変更してもらうことができますので、センター長などに相談してみましょう。引き受けてくれる人がいれば、外部のケアマネジャーに変更することも可能です。

要支援の人への介護サービスは、これまでは要介護と同じように国の介護保険で行われていましたが、ヘルパーによる訪問介護サービスと通所介護（デイサービス）が、2017（平成29）年度から市区町村の地域支援事業「介護予防・日常生活支援総合事業」へと移行しました。

詳しくは84ページをごらんください。

7

「ケアプラン」ってなに？

ケアマネジャーが決まったら、次は要介護度によって利用できる金額が決まっている「支給限度額」（要支援1の4万9700円～要介護5の35万8300円）を見ながらケアプラン（介護サービス計画）を作成します。

介護保険で利用できるサービスは25種類53サービス。「居宅」と「施設」に大別され、自宅などで利用できる介護サービスが「居宅サービス」です。

有料老人ホームやサービス付き高齢者住宅などの高齢者住宅と認知症対応グループホームは「居宅」とされていますから、そこでのサービスも居宅サービスに含まれ、要介護1～5と認定された人は「介護給付」、要支援1・2と認定された人は「予防給付」のサービスを利用できます。

ケアマネジャーが行うケアプランの相談と作成、事業者などの調整も介護サービスのひとつですが、これにはいまのところ利用者負担はありません。しかし、ほかのサービスには1～2割の利用者負担があり、「居宅」では大きく分けると次の5つのサービスを受けることができます。

①訪問介護（自宅にホームヘルパーが訪問し、生活援助や身体介護などを受ける）
②通所介護（日帰りで施設などに出かけ、リクリエーションや入浴をする）
③ショートステイ（施設などに短期間から長期間にわたって宿泊しながら、受けられるサービス）
④小規模多機能型居宅介護（通い・宿泊・訪問を組み合わせて受けられるサービス）
⑤福祉用具レンタル

これに加え介護保険では、看護師が訪問する「訪問看護」や自宅で機能訓練を行う「訪問リハビリテーション」、手すりの取り付けなど「住宅改修」などのサービスを受けることができますので、本人が必要とするケアのプランをケアマネジャーと一緒につくっていきましょう。慣れてくれば「セルフケアプラン」といって、自分でケアプランをつくることもできます。

【全国マイケアプラン・ネットワーク】セルフケアプランの自己作成の方法や、介護保険サービスを利用する際の、さまざまな知恵が掲載されています。
http://www.mycareplan-net.com/

8 訪問介護でできること、できないこと

介護保険サービスでいちばん利用されているのが、ホームヘルパーが自宅や高齢者住宅などに訪問する「訪問介護」です。

訪問介護では要介護の利用者に食事・排泄・入浴などを介助する「身体介護」と、掃除・洗濯・買い物・調理などの「生活援助」に分かれていて、利用者の状態によっては両方を組み合わせることもあります。

介護家族にとっては、訪問介護をどう利用するかで介護にかかる負担が変わってきます。自分のお財布だけではなく、医療・介護費の増大による国の借金を減らすためにも、必要のないサービスを入れないなど、本人に合ったケアプランを組むことが、これからはますます大切になってきます。

介護保険になじみのない高齢者の中には「家に人を入れたくない」と、本人や配偶者がヘルパーを拒否するケースも少なくありません。理由のひとつは「ヘルパーが何をする人なのかわからない」からです。

そんなとき、医療ニーズの多い人には、介護保険で利用するには医師の同意が必要とな

りますが、まず訪問看護師に入ってもらうのもひとつの手です。持病のある人は看護師に慣れているので、すんなり受け入れることが多いようです。

訪問介護の利用者負担（1割の場合）は、「生活援助」で200円程度、「身体介護」では30分以上1時間未満で400円程度と、支払う金額もちがいます。

「生活援助」については短縮化が進み、要介護1・2までは「生活援助」を自費にしよう、という論議がされていますが、ヘルパーは介護を受ける人にとっての命綱。とくに認知症の人にとって「生活援助」は不可欠です。

いっぽう、介護保険サービスではできないこともたくさんあります。来客の接待、庭の草むしり、ペットの世話、要介護状態にない配偶者の食事づくり、大掃除など。ヘルパーが本人に代わって銀行でお金を引き出したりすることもできません。

医療機関への通院の付き添いは介護保険サービスの対象になりますが、病院内では医療保険の対象となるため、原則として自費となります。

ただ、利用者の必要に応じてさまざまな例外もありますので、どこまで介護保険サービスが使えるのかは、ケアマネジャーと相談するようにしてください。

9

地域によって異なる支払額

介護保険のお金の計算の基本も知っておきましょう。医療保険も介護保険も、かかる費用（報酬）は全国一律で決められています。医療保険は「点数」で表示され、全国どこでも1点10円です。

いっぽう介護保険では「単位」と表示され、1単位10円が基本です。しかし、地域やサービスにより1単位あたりの単価が違うため、実際に支払う金額や支給限度額は、地域によって異なります。

これは地域ごとの人件費の差を調整するための「地域区分加算」と呼ばれる加算で、国家公務員の地域手当の地域割に基づき1〜7級に区分され、「その他」の地域以外にはそれぞれ加算がついています。

たとえば、訪問介護など7つの居宅サービスを例に取ると、「1級地」の東京23区では1単位11・40円ですが、東京でも「6級地」の東大和市や武蔵村山市、名古屋市以外の愛知県38市町などでは10・42円です。

また、通所介護、訪問看護、訪問リハビリなどの10サービスでは、「1級地」の1単位は11・10円、「6級地」では10・33円と、1単位当たりの単価が訪問介護サービスと異なっています。

1点10円という医療保険の計算に慣れていると、介護保険サービスの算定を見て「あれ？　1単位10円じゃないの？」と首を傾げる方もいらっしゃると思います。私も最初そうでした。インターネットには地域別単位加算表がいくつも掲載されていますので、お住まいの地域をご覧になってください。

18ページでお伝えした介護保険の「支給限度額」も、実際には要支援1（5003単位）～要介護5（3万6065単位）に地域加算が入ります。こんな「なるほど知識」も増やしながら、介護保険を身近にしてください。

【具体的な介護報酬の地域加算と介護報酬の地域区分（サイト「介護保険制度のやさしいガイド」より）】

http://www.iryohoken.club/kaigokiso/kaigo50.html

10

「デイサービス」と「デイケア」のちがい

「訪問介護」と合わせて、家に閉じこもりがちな利用者の気分転換や、家族の介護疲れの軽減などに利用されているのが、ミニバスなどによる送迎付きで、施設に日中通う「通所介護」。訪問介護に次いで、利用の多いサービスです。

これには2種類あり、〝デイ〟と呼ばれる「デイサービス（通所介護）」では、日中の数時間、民間のデイサービス施設や特別養護老人ホーム、老人福祉センターなどに通い、入浴や食事、機能訓練やリクリエーションをします。費用は利用する時間と介護度、施設のサイズによって異なります。

人数の多いデイサービスでは、1日のスケジュールが決まっていて、リクリエーションの内容も固定化していることが多いため、「やることが幼稚」とか「つまらない」と言われてきました。しかし、最近では小規模デイサービスを中心に、利用者のニーズに応えようとするところが増えています。

近年の傾向はリハビリと「個別対応」でしたが、２０１８年の介護保険制度の改定で通所介護に対して、要介護認定が下がるなどの成果や実績に応じて報酬を与える「インセンティブ制度」が導入されることになったため、運動マシンなどを使用する機能訓練重視のデイサービスがさらに増えていくものと思われます。リハビリに加え、さまざまな体操や脳トレ、さらに整体やマッサージなどを行うデイサービスも増えてきました。

小規模なデイサービスでは、みんなが一斉に同じリクリエーションを行うのではなく、利用者それぞれの「楽しみ」に合わせた時間の過ごし方を工夫しているところもあります。

また、麻雀、パソコン、絵画、園芸などの趣味を充実させ、男性が行きやすいデイサービスをめざすところも多くなりました。認知症の人を対象にした「認知症デイサービス」も広がっています。

主治医がリハビリの必要を認めたときには、介護老人保健施設（老健）や病院、診療所などにある「デイケア（通所リハビリテーション）」に通い、リハビリを受けながら、食事、入浴、リクリエーションを行うこともできます。

デイサービスとデイケアのちがいは、前者ではリクリエーション、後者では医療的なリハビリを中心とすることです。利用料はデイケアのほうが少し割高です。情報を集め、本人の健康状態や関心事に沿った通所施設を選んでください。

11 本人が介護サービスを拒否したら？

自宅での介護サービスが必要になったとき、家族がまず考えるのが、ヘルパーの導入とデイサービスの利用です。けれども、「そんなものは、私には必要ない」と本人がヘルパーを拒否したり、「あそこはボケた人が行くところ」とデイサービスを拒否され、頭を抱える家族は少なくありません。

とくに認知症の人は環境が変わるのが苦手なので、ヘルパーを家に入れることやデイサービスに行くことを敬遠しがちです。

私の介護経験でも同じことが起こりました。8年間自宅生活を支援してきたひとり暮らしの認知症の友人も、遠距離介護を4年間続けた認知症の母も、最初はヘルパーもデイサービスも徹底拒否でした。

無理に勧めると逆効果なので機会を見計らい、掃除を面倒くさがっていた友人には「お掃除の手伝い」と称して、ゆったりタイプのヘルパーにまずは週1回入ってもらい、C型肝炎と心筋症の持病があり腰痛もちの母には「マッサージや軽い体操もしてもらえるから」と、訪問看護師に週1回入ってもらいました。

そして慣れたところで、友人の場合はヘルパーの回数を増やして最終的には毎日に。母の場合は訪問看護師に加え、ヘルパーに週2回入ってもらうことができました。

自尊心の強い友人はデイサービスに対しては興味を示さず、何度見学に行っても拒否が続いたので、無理強いはしませんでした。母の場合は看護師とヘルパーが家に入り、抵抗がなくなったところで、「家にばかりいないで、少しは外に出たほうがいいですよ」と、みんなにやんわり勧めてもらうことにしました。

すると、少しずつ興味を示し始めたので、母の好きな手芸に力を入れている小規模デイを見学すると、ふたつ目のデイが気に入って、今ではデイに行く日を楽しみにしているようです。

デイサービスは家族にとっては「行ってくれると嬉しい」ところですが、本人にとっては「行きたくないところ」なのかもしれません。「自分だったら、ここに行きたいかどうか」と、想像力を働かせてみると、本人の気持ちに近づけると思います。

本人が何かを拒否するときには、理由があります。その理由を考え、本人が「必要性を感じるとき」を待つなど、根気よく接していくことが大切です。我が家の母も「行ってみようか」という気になるまでには1年間かかりました。

12

「拒否」の理由を知る

ご両親を介護中の方から、「サービス拒否の対策を、もう少し具体的に教えてほしい」という要望がありました。

あの手この手で誘っても、頑としてサービス拒否。お困りの家族も多いと思います。介護には正解はありませんが、拒否などがあるときには視点を変え、本人の立場で考えてみると、拒否や受容には、本人にとっての「理由」があることがわかってきます。

私の友人はデイサービスをお試しするたびに、「やることがつまらない」「私はあそこまでボケていない」「知らない人と話すのが面倒」と拒否の理由を挙げ、あげくの果てには「私の楽しめるところを探してきて」と言いました。

これには私もブチ切れましたが、冷静になってみると、彼女の言うことはもっともなのです。私からしてみると、彼女がデイに通うのは刺激にもなるだろうし、私自身の支援も軽減されるだろうという理由がありました。

でも、本人にとっては「楽しくないのに、なぜ行かなくちゃいけないの？」。理があるのは彼女のほうです。

プライドの高い彼女がどうしても我慢できなかったのが、職員に幼児扱いされることでした。「脳トレ」を売り物にドリルを中心に行うデイには数回通いましたが、「大学院まで行った私が、なぜあんな幼稚なことをやらねばならないのか」と、3回目には断固拒否。その時点でデイは断念しました。高学歴で軽度の人には、こうした傾向が強いようです。

彼女の視点で探してみたつもりでしたが、当時は軽度の人が楽しめるデイが少なく、ましてや、彼女が好きなヨガやダンスを取り入れているデイは皆無でした。

でも、今だったらヨガやダンス、食事づくりやアロマが楽しめる小規模デイが、探せば見つかることがあります。男性が行きやすいデイも増えてきました。

計算パズルをやるより
わかろうとわかるまいと
新聞を読むことの方が
Bさんには意味があること

ですから、本人の興味を探し、通う意味が見いだせるようなことを考えてみてください。デイサービスの運営者と相談し、本人の得意なものを「教える」という名目で通い始めた人もいます。本人がこれまでやってきた仕事や趣味や、日頃の本人との会話から、そのヒントが見えてくるかもしれません。

13

入浴がむずかしくなったら

自宅での介護では本人の病気や障害が進むと、家族やヘルパーによるお風呂の入浴介助がむずかしくなることがあります。

入浴やシャワーは体を清潔に保つだけではなく、血液の循環や代謝機能をうながす点からも大切なものですが、認知症になるとこれまで大好きだったお風呂やシャワーを突然嫌がる人もいて、清潔保持に悩む家族が多いようです。

「訪問入浴サービス」は、自宅やデイサービスなどでの入浴がむずかしくなった人のためのサービスで、組み立て式の簡易浴槽を訪問入浴専用車に積み、ふつう看護師1名介護職員2名が利用者の自宅を訪問します。駐車場に止めたワゴン車から長いホースが延びている、訪問入浴専用車を見かけたことがある人も多いと思います。

どんなふうに入浴するのか、訪問に同行させてもらいました。まず、車からおろして室内に運んだ浴槽を介護職員が組み立て、お湯を準備している間に、看護師が血圧や脈拍、体温を測定し体調を確認します。

入浴は介護職員が担当し、通常10分程度行いますが、その日の体調によって全身浴、部分浴、清拭などを選ぶことができます。入浴後は水分補給をし、爪切りや髭剃りなどのケアも行います。

訪問から終了までは約1時間。入浴に使用するお湯はふつう、利用者宅の水をホースで湯沸かし器搭載の訪問入浴専用車に巡回させ、温めて浴槽に入れています。中には温泉のお湯を運んでくる事業所もあり、訪問入浴サービスを心待ちにしている利用者も少なくありません。

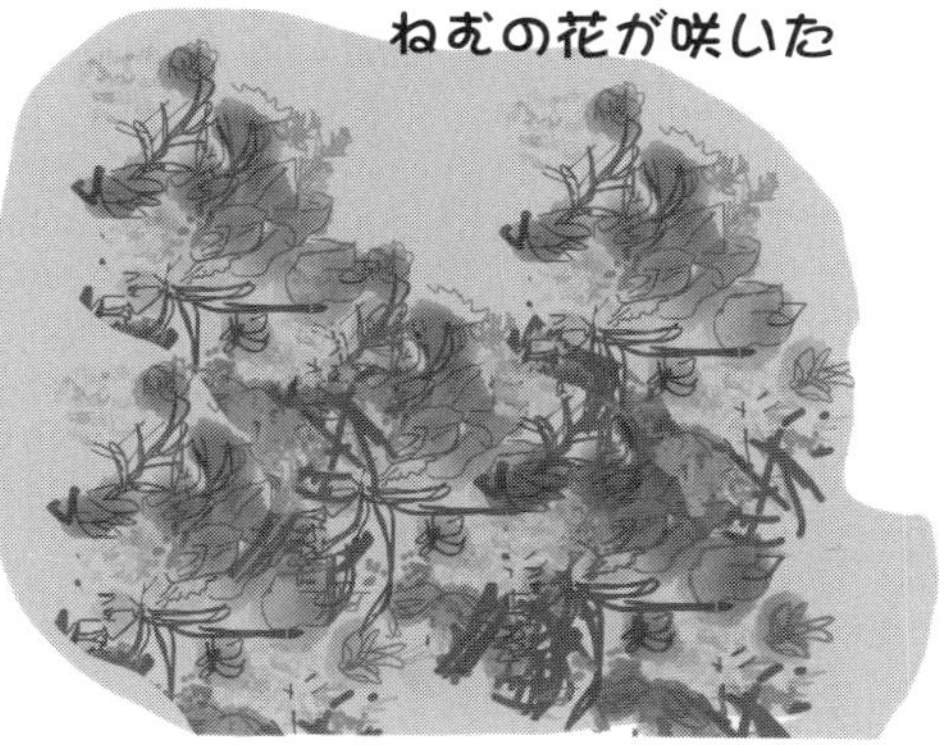

浴槽の運搬は重労働なので、訪問入浴のスタッフは男性が大半です。男性職員からの入浴介助に本人の抵抗があるときや、顔ぶれが頻繁に変わって本人の動揺があるときは、事業所に相談してみましょう。

入浴は体に負担がかかることが多いため、最初に主治医の許可を取ることが必要です。料金は比較的高いので、負担が大きいと感じる場合は全身浴、部分浴と、サービスを使い分ける工夫もするといいと思います。

14

福祉用具で介護を楽に

福祉用具と聞いたとき、たいていの人が思い浮かべるのは「手すり」「車いす」「介護用ベッド」(特殊寝台)くらいでしょう。でも、福祉用具には驚くほどたくさんの種類があり、それらを使いこなすことで本人の自立の度合いも、家族の介護時のからだの負担も大きく変わってきます。

介護保険サービスで利用できるのはその一部ですが、要支援1以上の人でも「手すり」や「歩行器」から「介護用ベッド」「車いす」「移動用リフト」「自動排泄処理装置」まで、介護度に合わせ13種類の福祉用具がレンタルできます。

レンタルできないものも、介護保険では年間10万円まで福祉用具が1割負担で購入できますので、うまく組み合わせると、本人の状態や好みに沿った住環境をつくることが可能になります。

介護用ベッドでは、高さや背上げ・膝上げを調節するモーターの数、利用者の体格に合わせたサイズ、マットの固さや床ずれを防ぐ体圧分散マット、体圧分散機能もついた自動的に体位を変える電動エアマットなど、介護される人の状態やニーズに合わせ、さまざまなものが選べます。

立ち上がりに介助が必要なのに「ベッドは高いから怖い」と布団で寝起きしている方のご家族から「腰が痛くて介助が大変」と相談されたことがありました。

そこで「床上20センチまで下がる、超低床のベッドがレンタルできますよ」という情報を伝えると、家族はさっそくお試しで導入。本人は布団感覚で使えるし、家族は自分に合った高さで介助できるので、介助が楽になったと大変喜ばれました。

おまけにそれまで寝ていることが多かったご本人、介護ベッドのリクライニング機能で座ることができるようになったため、寝床から離れることが多くなったという、うれしい後日談もありました。

ケアマネジャーに頼むと、福祉用具のパンフレットを持ってきてくれますし、全国福祉用具専門相談員協会のサイト（http://www.zfssk.com/kaigo/）では、福祉用具の紹介に加え、要介護度によってどんな福祉用具がレンタルできるかを詳しく紹介しています。

わが家でもレンタルで導入した玄関、ベッド脇、立ち上がりなどの手すりが、大変役に立ちました。レンタルの福祉器具には「お試し」ができるものがたくさんありますので、ケアマネジャー経由で福祉用具専門相談員に相談してみてください。

15 本人に合った車いすで快適生活

介護用ベッドと同じように、介護保険サービスでレンタルできる車いすにも、いろんなタイプがあります。

本人が自分で足こぎできる「自走型」、介助者が押して移動する「介助型」、体勢が崩れてしまう人用の「姿勢調整型」、電動走行ができる「電動車いす」……。

新しいデザインも次々と登場し、毎年、福祉用具フェアに出かけるたびに、その進化にびっくりします。「福祉用具フェア」や「福祉用具展示会」は各地で行われていますので、機会があったら出かけてみることをおすすめします。

車いすは本人の自立を助ける重要なツールです。手すりや杖などを使って屋内は移動できるけれど、屋外での移動は少々大変な人、屋内での移動はできるけれど不安のある人、屋内も屋外も移動のできない人など、本人の身体状態や体格に合わせた車いすを利用すると、本人が快適になるばかりか、介護家族の負担も軽減することができます。

私は東京の世田谷区で「ケアコミュニティ　せたカフェ」という集まりを仲間と運営しています。活動の一環として地域の介護家族や専門職と一緒に「介護家族のための実践介

車いすを替えたら
頭が上がりました

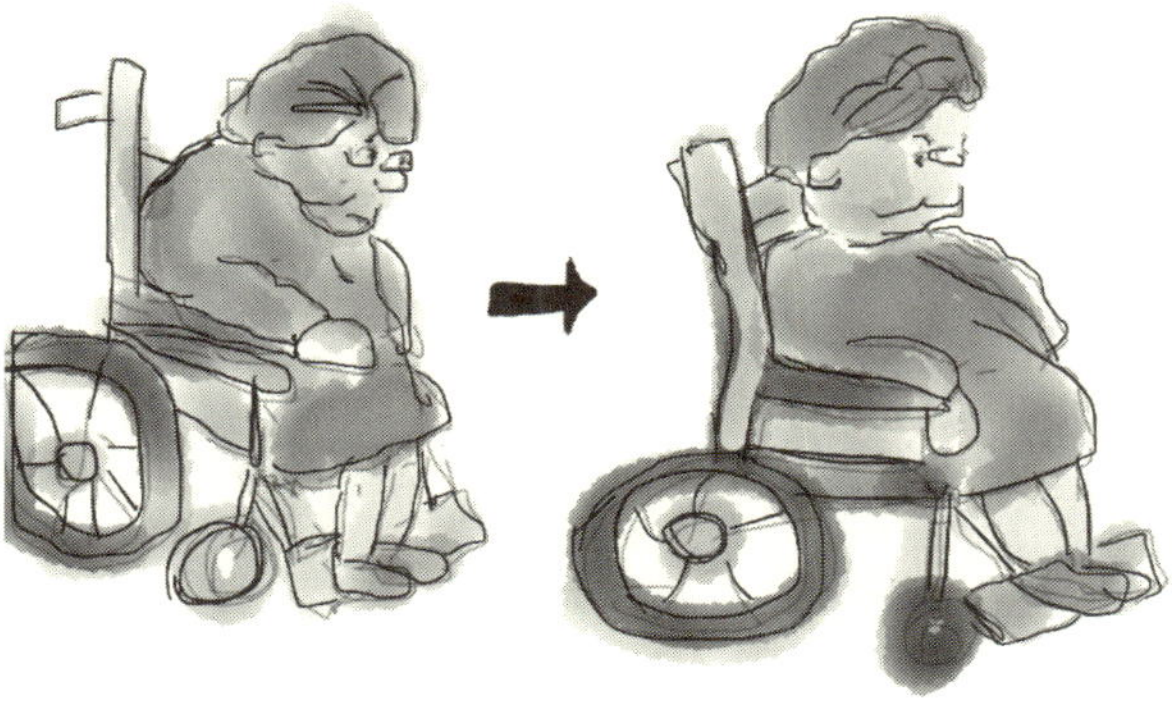

護講座」という講座を隔月で行っていますが、その中で理学療法士をゲストに「車いす活用法」を学んでいます。

同じ用途の車いすでも、高さ調整のできるタイプ、足乗せの取り外しができるタイプ、マジックテープで猫背の人の背中の形にも合わせられる「背張り調整」のついたタイプ、猫背の人の背中にあたらないよう介助者用のハンドルが交換できるタイプなど、多様な車いすが介護保険サービスで利用できることを知るのは、「目からウロコ」の驚きです。

介護用ベッドもそうですが、車いすも一度レンタルしたら替えられないと思っている人が多いようです。福祉用具には相性がありますし、利用する人のからだの状態も変わっていきます。

福祉用具をレンタルする指定事業所の「福祉用具専門相談員」を味方につけて、本人に合った福祉用具を選び、どうしたら本人の望む快適さを実現していけるのか、考えていきたいものです。

16

自分で「トイレに行く」ために

介護保険でレンタルできる福祉用具は13種類。ベッドや車いすのほか、手すり、スロープ、歩行器、杖、徘徊感知器、移動用リフト、自動排泄処理装置などがあります。いっぽう、レンタルはできませんが、1年度（4月〜翌3月まで）に10万円まで、購入した費用の9割が支給される用具もあります。排泄と入浴にかかわる「特定福祉用具販売」と呼ばれる用具で、具体的には便座類やポータブルトイレ、シャワーチェアや浴槽内・浴室内すのこ、簡易浴槽、移動用リフトの吊り具などです。

２０１５年4月からは「水洗ポータブルトイレ」（本体のみ、工事費は自己負担）が、支給の対象になりました。ベッド脇に置けるポータブルトイレは便利ですが、悩みの種は臭いや始末。自分の排泄物を家族に世話してもらうのがつらくて、トイレの回数を減らすために、食事や水を摂るのを我慢している人も少なくありません。

水洗ポータブルトイレには、水洗はできるけれども、たまった汚水を捨てる必要のある2層タンクの簡易トイレタイプ（数千円から数万円）と、20万円以上と少々高価ですが普通の水洗トイレと同様に使えるタイプがあります。こちらは壁に小さな穴を開けたり、窓などを利用して、上下の水道管に細い配管で接続するので工事も簡単。汚物は細かく粉砕されるので、詰まることはありません。

また、排泄物を毎回、自動的にラップしてまとめて捨てることができる、ラップ式のポータブルトイレも介護保険が利用できます。「臭わない」「片づけが簡単」というのが特色のこのポータブルトイレは、災害時にも活用されています。

自分で「トイレ」に行く、というのは自立の意思の表れです。自宅生活と施設入所との分かれ目になるのも、本人が自分で「トイレ」に行けるかどうかが大きくかかわっています。補助の対象になったのを機に、本人にも家族にも快適な水洗ポータブルトイレの導入を、予算に合わせて考えてみてください。

現在は要支援1以上の人が介護保険サービスとして、1~2割の自己負担で利用している福祉用具ですが、要介護1・2までの「軽度者」の全額自己負担が議論されました。今回は利用者や事業者からの大きな反対を受けて見送りになりましたが、上限価格を定め、それを超えたものについては自己負担とする考えが示されています。

支援や介護を必要な人にとって、福祉用具は自立した生活をするために欠かせないものです。これらを全額自費で払うことになると、利用できなくなる人が増え、介護度の重度化が進むことも懸念されます。多くの人に関心をもっていただきたい課題です。

17

退院後の生活を支える住環境整備

要介護状態になる三大原因は、脳血管疾患（脳卒中）、認知症、老衰。転倒骨折、関節疾患がこれに続きます。脳卒中ではからだの麻痺や知覚障害、失語症などの後遺症が残ることがあり、本人ばかりか家族の生活にも大きな変化とストレスをもたらしがちです。

それまで元気だった人が急に倒れ、救急搬送されることの多い脳卒中では、病院から自宅にスムーズに戻るにはリハビリに加え、さまざまな「退院支援」が必要となります。退院支援をすると加算がつくようになったため、「退院調整担当」のスタッフを置く病院も増えてきました。

病状が落ち着き、退院のメドがついたら、まずは要介護認定の申請をしましょう。退院までの時間が短く、帰宅後すぐに介護保険サービスを使いたいときは、要介護度を想定して「前倒し」で申請し、サービスを利用することもできます。ただし、認定度が予想よりも低かった場合は、差額が全額自費となってしまいますので、気をつけてください。

要介護度が認定され、ケアマネジャーが決まったら、自宅に戻ったあとの生活を支える方法を、病院側と在宅ケアにかかわる専門職が一緒になって話し合っていきます。さらに

腰を痛めてから寝たきりだったAさんが
座れるようになったのは毎日の習慣だった
お仏壇に手を合わせたかったから

からだに障害を持った人は、その状態に合わせ、自宅の整備も考えなければなりません。

最近では、病院側から理学療法士や医療相談室のスタッフ、在宅側からケアマネジャー、福祉用具専門相談員などが退院前に自宅を訪ね、部屋のリフォームやレイアウトの変更、自助具や福祉用具の選択などを介護家族とともに話し合う退院支援も増えてきました。

半身が不自由になった70代の女性のお宅では、病院側と在宅側の理学療法士、福祉用具専門相談員などが本人の退院前に自宅を訪問し、本人の障害に合わせたベッドや手すりの位置、移動の際の段差の解消などを家族に提案しました。

そして、台所で料理をしたいという本人の希望をかなえるため、動きやすいように冷蔵庫や調理器具、キッチンテーブルなどの位置を変え、介護者の負担を軽減する福祉用具の活用を助言していました。

介護保険ではこうした支援もできますので、ケアマネジャーと相談してください。

18

「最期まで在宅」を支援する小規模多機能ホーム

通い（デイサービス）、泊まり（ショートステイ）、訪問（訪問介護）の3つのサービスを1か所で提供する「小規模多機能型居宅介護」（以下、小規模多機能ホームと表記）と呼ばれる介護保険サービスをご存じですか？

介護保険には日中通うデイサービスとデイケアの2つの通所サービスがありますが、これとは別に、身近な市町村が提供する地域密着型サービスとして、２００６年度から始まったサービスです。

小規模多機能ホームのモデルとなったのは、家庭的な雰囲気にこだわり、既存の民家などを利用して、介護保険の適用外で地域に根ざした独自のサービスを提供してきた「宅老所」と呼ばれる施設。制度化後、日中だけではなく、個々の利用者のニーズに合わせ、24時間いつでも利用できるサービスとして注目されましたが、少人数制のため事業所の利益が出ず、普及がなかなか進みませんでした。

とはいえ、認知症の人や独居、老々世帯の人たちが、住み慣れた地域で暮らし続けていくためには、日中の通所サービスだけでは十分ではありません。施設に入らずに何とか自宅で暮らしたいという人や、退院後、すぐに自宅生活に戻るのは不安な人への受け皿として、国も介護報酬を上げるなどして後押しを始めました。

小規模多機能ホームの対象は要支援1からで、毎月の利用料は定額制。利用できるのは各ホームごと最大29人（通いで利用登録できる人数は1日18人）までの登録制で、要支援1から要介護5まで、要介護度によって利用料が決まっています。

住み慣れた自宅での生活を「通い」「泊まり」「訪問」の3つのサービスで支えることができることや、いつも顔なじみの職員が対応するなど、小規模多機能ホームにはいくつもの長所があります。

そのいっぽうで、定額制で利用料が決まっていることや、従来のケアマネジャーをホームのケアマネジャーに替えなければならないこと、他の事業所のサービスと併用できないなどの「使いにくさ」もあります。

小規模多機能ホームが地域に根ざした自治体もありますが、サービスの選択肢の多い都市部では事業所数がなかなか増えない傾向があるので、「利用したくても近所にない」という悩みも聞こえてきます。在宅生活を地域で支えるために、都市部でも増えてほしいサービスです。

19

柔軟なサービスが特色の小規模多機能ホーム

通い・泊まり・訪問の３つの機能をそなえた小規模多機能ホームは、少人数制でひとり一人に合わせた「個別対応」を基本にするところが多いので、認知症の人に適していると言われています。実際、利用者の多くは認知症の人です。

小規模多機能ホームには、ふつうのデイのような決まったプログラムはありません。１日の過ごし方はゆるやかで、季節の食材が手に入ると、みんなで料理をしたり、天気がいいと散歩に出かけたり、畑仕事や手仕事を楽しむホームもあります。

利用した時間の加算ではなく、月ごとで利用料が決まっているため、週の３日を「通い」、１日を「泊まり」、残りの３日を「訪問」にするという利用者もいて、送迎時間も、本人に合わせてまちまちです。

転倒骨折で入院し、要介護2で退院することになった70代でひとり暮らしのハルさんは、地域包括支援センターの勧めで、小規模多機能ホームを利用することにしました。

すぐに自宅に戻るのが不安だったので、最初の1週間はホームに宿泊。その後は自宅生活に慣れるために少しずつ自宅に戻る時間を増やし、介護職員の「訪問」を受けました。

体調が戻って落ち着いた今は、「通い」が中心になっていますが、体調が思わしくないときは介護職員の「訪問」を受け、自宅でひとり暮らしを続けています。そうした利用の仕方のできるところが、小規模多機能ホームの特長です。看取りまで行っているホームも少なくありません。

それぞれの利用者に合わせた「個別ケア」が小規模多機能ホームの基本ですが、いろんなところを見て回るとホームによって格差があるのがわかります。

大声を出したり施設の職員に暴力をふるったりするため、どこからも断られていた人が温和になり、介護度が下がるほどいいケアをするホームもあれば、最低限のサービスしかしないホームもあり、事業所によって大きなばらつきがあるのも実情です。

小規模多機能ホームの情報は、自治体のホームページでも掲載しています。【全国小規模多機能型居宅介護事業者連絡会】のサイト（http://www.shoukibo.net/panf/download.html）からは、小規模多機能ホームを詳しく説明した冊子のダウンロードができます。

20

医療ニーズに応える看護小規模多機能ホーム

介護が必要になっても、できるだけ長く自宅で暮らしたい。そうしたひとり暮らしの人や、昼間は高齢者だけになる「日中独居」の人の在宅生活を応援するのが、先に紹介した小規模多機能ホームです。

けれども、痰の吸引や人工呼吸器、胃ろうなど医療ニーズがある人は、ふつうの小規模多機能ホームではなかなか受け入れてくれません。

そこで医療の必要な人の「在宅療養」を応援し、本人と家族の希望があれば「看取り」までつなげようというサービスが、２０１２年に「複合型」として始まりました。これが２０１５年から名称が変わり、「看護小規模多機能型居宅介護（看護小規模多機能ホーム=通称カンタキ）」となりました。

看護小規模多機能ホームでは、ケアの中心になるのは訪問看護師です。そして、状態が落ち着いているときには「通い」を主体に、状態が悪いときや、家族がいないとき、退院後で体力が戻らないときは「泊まり」や「訪問看護・介護」を行うなど、介護と看護の両面からケアを柔軟に組み合わせ、医師の指示のもと、24時間３６５日体制でサービスを提供するのが特徴です。

　小規模多機能ホームと同じように、料金は定額制で利用は登録制ですが、利用できるのは要介護1以上の人です。

　入院するよりも経済的。しかも個々の状態に合った家庭的なサービスが受けられ、訪問診療や訪問看護、介護ヘルパーだけでは不安な見守りも手厚いとあって、在宅看取りを支える介護保険サービスとして期待されています。

　痰の吸引などの医療ニーズが出てきたからという理由で、高齢者住宅や施設から退出を迫られた人や、病院を退院後の健康状態が不安定な人、病気がちなおひとりさまにとっては心強い味方ですが、まだまだ周知が浅く、地域密着型にもかかわらず、行政の職員でも存在を知らない人が多いのが現状です。

　事業所数も全国で350か所を超えた程度。医療ニーズのない人も利用できますが、医療ニーズのある人にとっては、近くにあったらラッキーな在宅支援の施設なので、探してみるといいですね。

21

介護家族会で地域の情報収集を

介護で途方にくれたり悩んだとき、大きな頼りになるのが「介護の先輩」の助言です。ひとりで介護を抱え込み、どこにも吐き出せない苦しい思いを抱えている人も、必要な情報が入手できずに悶々としている人もいます。そんなとき、思い切って訪ねていただきたいのが介護家族などや介護者（ケアラー）を支える会です。

地域包括支援センターが主宰する家族会もありますが、地域でこうした会を主宰しているのはたいてい介護の経験者。自分の介護に加えて長年の相談を通して知った地域のナマ情報をもっているので、こうした会は新米介護者の大きな支えになります。「私もそうだったのよ、わかるわかる」とうなずきながら話を聞いてもらうだけでも、どれだけ楽になることでしょう。

私も友人の介護中、納得できる認知症の専門医をなかなか探せず、困り果てていた時期がありました。知り合いの認知症グループホーム関係者に相談すると、「うちでやっている介護家族会で、専門医をゲストに呼んでいるので、来てみたら？」と誘われ、参加してみました。

参加者は15人ほどで、認知症のご本人を同行する方もいました。いまでも記憶に残っているのは、父子でやってきたふたり連れです。息子さんはお母さんが認知症だと疑っているけれど、お父さんは頑として認めない。でも、話を聞いていると、あきらかにお母さんは認知症です。

辛抱強くふたりの話を聞いていた医師は、こう言いました。「ともかく、一度、お母さんを診察に連れてきてみてください。その結果を見てまたご相談しましょう」。

丁寧で適切な対応を見た私は、終了後にさっそく認知症の友人の診察の予約をお願いしました。この医師が勤務するのは認知症治療では知られている病院だったのですが、隣の区だったため頭からすっぽり抜け落ちていたのです。

それから10年。認知症になった友人は、主治医になってもらったこの医師のもとに、いまも通院しています。むずかしい時期もありましたが、いまだに要介護3のままでいるのは、あの介護家族会でいい医師といい出会いをしたおかげだったと思っています。

各地には「認知症の人と家族の会」がありますし、「ケアラーズカフェ」や「男性介護者の会」、「若年性認知症の会」など、介護者と本人をサポートする会もあります。「認知症カフェ」も3000か所を超えたと言われています。ひとりで悩まず、相談への一歩を踏み出しましょう。

22

24時間介護が受けられる「定期巡回・随時対応」サービス

介護を受けるご本人のなかには、1日に何回も支援が必要な人がいます。排尿はふつう1日に5〜6回ありますが、介護力のない老々介護の夫婦や、家族が昼間は仕事に出てしまう日中独居の人、ひとり暮らしの人にとっては、トイレ介助やおむつ交換、服薬管理、見守り、食事の介助などは大きな課題になります。

けれども、介護保険制度には長らく、短時間・複数回の支援に対応するサービスはありませんでした。

2012年4月から始まった「定期巡回・随時対応型訪問介護看護」は、日中・夜間・深夜の24時間を対象に、定期巡回と随時の緊急対応で、訪問介護と訪問看護を自宅に届ける介護保険サービスです。「定期巡回」では利用者の必要に応じて回数と訪問時間を決め、定期的に自宅を巡回して本人にとって必要な支援をします。

たとえば「朝の着替えと排泄」「朝食と排泄」「昼食と排泄」「午後の水分補給」「夕食と排泄」「就寝準備」「夜の排泄と水分補給」などを組み合わせ、1日数回の巡回を毎日受ける人も少なくありません。

ふつうの訪問介護サービスでは、毎日2回、3回とヘルパーが入ることはなかなかできないので、短時間でも回数を多く支援してほしい人にとってはいいサービスですが、短時間なだけに満足度には欠けるといったデメリットもあります。

「随時対応」では、「排泄が必要」「ベッドから落ちた」など、本人が緊急の呼び出しコールをすれば、オペレーターが手配してヘルパーが駆けつけます。

料金は月額で要介護1（約6000円）から要介護5（約2万6000円）まで。料金は多少高くなりますが、看護師を組み合わせることもできます。

必要な人には喉から手が出るほどほしいサービスですが、2016年時点で実施している自治体は全国の2割強で事業者は950、利用者も1万5000人と少ないのが実情です。ただ、厚労省では「地域包括ケアシステム」を進めるためにこのサービスを増やそうとしていますので、これから増えてくる地域が出てくると思います。

「地域包括ケアシステム」というのは、団塊の世代が75歳になる2025年を目標に、住み慣れた地域で最期まで自分らしく暮らすことができるように、住まい・医療・介護予防・生活支援をそれぞれの地域で一体的につくり出していこうというものです。

サービスに関心のある方は、ケアマネジャー、あるいは地域包括支援センターに問い合わせてみてください。

23

介護保険で利用できる施設や高齢者ホーム

2017年版高齢社会白書によると、「日常的な介護が必要になった場合の介護の場所」で、もっとも多いのは「自宅で介護してほしい」（男性42％、女性30％）でした。以下、「特養に入所したい」（男性18％、女性19％）、「病院などの医療機関に入院したい」（男性16％、女性23％）、「介護老人保健施設を利用したい」（男女とも11％）と続きます。

自分が「介護をしてもらう側」になると考えている男性よりも、「介護をする側」になることを身近に感じている女性のほうが、「専門職」による介護を望んでいる、というアンケート結果が以前ありましたが、ここでもそれが裏打ちされているようです。

「最期を迎えたい場所」としては男女とも半数以上が「自宅」と答えていますが、本人が「最期まで自宅」を望んでいても、家族の「介護負担」や不在がネックとなり、施設を利用する人は少なくありません。また、病院や施設の多い地域では介護状態になったら「病院か施設」に入るのが当たり前と、考えられていることもあります。

介護に消極的な家族に加えて、老々世帯、ひとり暮らしの高齢者も年々増えています。この調査では取り上げられていませんが、有料老人ホームやサービス付き高齢者住宅など

の高齢者住宅を「介護の場」として選択する人が増えている、というデータもあります。

介護保険を使って利用できる施設には、「介護三施設」と呼ばれる「介護老人福祉施設＝特別養護老人ホーム（特養）」、「介護老人保健施設（老健）」、「介護療養型医療施設」（2018年度から新設の「介護医療院」に順次転換）と、地域密着型の「認知症グループホーム」の4種類があります。

これに加え、有料老人ホームやサービス付き高齢者住宅でも、「特定施設入居者生活介護（特定施設）」の指定を都道府県から受けていれば、居住者は介護保険を利用して24時間介護を受けることができます。

介護三施設にはそれぞれ〝住み分け〟があり、特養は「生活のための施設」、老健は「リハビリ機能をもつ中間施設」、介護医療院は「医療ニーズの高い人の療養施設」とされています。施設への入居を考える方はまず、その特徴を知っておきましょう。

24

特別養護老人ホームの利点と難点

特別養護老人ホーム（特養）は、社会福祉法人や地方自治体などが運営する公的な介護施設です。入居対象は「心身の障害で在宅生活が困難な高齢者」で、介護保険による日常的な介護サービスを24時間体制で受けることができます。

特養には、▽看取りを含めた長期滞在が可能、▽利用料が安い、▽認知症ケアに慣れている、などの利点がありますが、難点としては、▽待機者が多く入居が難しい、▽医療ケアが限定的、▽医学的なリハビリなどをしない、などがあり、あくまでも「生活のための施設」とされているのが特色です。

その特養にも変化の波が訪れています。まずは入居条件。従来は「要介護1以上」でしたが、2015年4月から新たな入居者は原則「要介護3」以上となりました。この結果、2016年10月には3年前よりも4割以上、待機者が減ったという調査結果が出ています。

また、特養など「介護三施設」には、居住費と食費減額の仕組みがありましたが、同年8月からは所得が低くても預貯金が個人で1000万円、夫婦で2000万円を超える場合は、減額の対象から外されることになりました。

さらに、これまでは配偶者に十分な収入があっても世帯分離すれば減額を受けることができましたが、世帯分離をしている配偶者に住民税の課税所得がある場合は、減額は打ち切りとなります。遺族年金や障害年金も収入とみなされ、減額を受けられない人も出てきました。ただし、不動産の多い人については、今回の介護保険制度改正では対象外となっています。

特養は従来から、認知症の重度者が多いのが特徴でしたが、これからはその傾向がさらに強くなってきます。国が特養を「より重度者・より低所得者」向けの施設に変え、待機者を減らしていこうとしているからです。

新設の特養も増えていますが、地域によっては介護職員の確保ができないため、部屋はあるのに入居者が増やせない、という施設も出てきました。

原則「要介護3」と言っても、認知症のおひとりさまや、家族に介護力がなく、緊急性がある場合は、「要介護2」以下でも例外的な対応をすることがありますので、施設と相談してみてください。

数字の上では待機者が大幅に減りましたが、要介護度が低くても認知症や老々介護などで自宅生活がむずかしい人たちが「介護難民」になる可能性も懸念されています。

25

ふたつのタイプがある特養

「特養」と一口に言っても、個室だけや多床室（相部屋）のあるところ、大規模、小規模とあり、「どこが違うの」と首をかしげる方がいるかもしれません。

特養には大きく分けると、ふたつのタイプがあります。ひとつは個室と多床室（定員4人以下）をもつ「従来型特養」、もうひとつは内部を幾つかに分け、定員10人の「ユニットケア」を行う全室個室のユニット型の「新型特養」です。実際には、多床室とユニットケアの両方が施設内にある「一部ユニット型」もありますが、このタイプは2011年から新設ができなくなりました。

ユニットケアというのは、施設の中で高齢者が「自分らしく」暮らせるように、一人ひとりに合ったケア（個別ケア）を目指そうと始まった小グループ単位のケアです。広いスペースで画一的なケアをすることが多かった、それまでの特養の反省から生まれました。

長年、4人部屋が主体だった特養も個室ユニット型が制度化され、03年度以降は、新設特養はユニット型が基本になりました。しかし、形だけはユニットケアでも職員不足などで、本来の機能が生かされていない施設も増えています。

いっぽう廃止する方向になった多床室を復活する動きも、再び出てきています。施設数の不足、安価な建築コスト、希望する人がいるなどの理由で、多床室を増やそうとする動きです。「一部ユニット型」も、多床室部分と個室ユニット部分を別施設として認可を受けることで、新設ができるようになりました。

特養の定員は数人から300人以上と幅があり、小規模なものには30人定員の「小規模特養」と、その地域に住む人を対象にした29人未満の「地域密着型小規模特養」（基本は大規模な郊外の施設から街中に分散して移した特養のサテライト）があります。

特養は順番待ちが多いので「入ることができれば、どこでもいい」と思いがちですが、こうしたタイプや規模も申請をする際の目安にしてください。

26

特養が「安い」時代はもう終わり？

「特養」はこれまで、費用の点では安いという安心感があり、それが人気につながっていました。しかし、その安心感が揺らいでいます。

特養をはじめとする「介護三施設」には居住費と食費負担の軽減制度があり、利用者の所得によって、金額が設定されていました。ところが52ページで取り上げたように、2015年8月利用分から、個人で1000万円、夫婦で2000万円以上の預貯金など（有価証券、金銀、投資信託、タンス預金）があったり、配偶者の所得が多い場合は、軽減制度の対象から外されることになりました。

特養の居室には▽ユニット型個室、▽ユニット型準個室（壁が天井までない）、▽従来型個室、▽多床室―の4種類があり、それぞれ費用がちがいます。

施設によって料金格差はありますが、平均で見ると1日の基準費用はユニット型個室1970円、ユニット型準個室1640円、従来型個室1150円、多床室840円です。食費は1380円ですが、これまで3段階の軽減制度があったため、所得の低い人は自己負担額が3～6割安くなっていました。ここに「資産」の条件が加わったため、軽減制度の対象にならない人が増えました。

さらに2015年4月から、年収280万円（夫婦で346万円）以上の人は、介護保険の自己負担額が2割になりました。特養の入居条件は原則要介護3以上になったので、要介護3で2割負担の人がユニット型個室で生活するとなると、それだけで月々15万円以上かかります。

2割負担になったのは要介護者の約2割。自宅で介護している場合は、サービスをカットして費用を切り詰めることもできますが、それができない施設の入居者のほうが、2割負担の影響は大きいと言われています。

多床室のほうも、それまでの室料は370円だったのが倍以上になり、光熱費も値上がりしています。

特養は「安い」ものという意識をあらためながら、自分らしい暮らしができる「終の住みか」を考える時代がやってきたようです。

27

特養の医療とは

特養の医師、石飛幸三さんが著書『「平穏死」のすすめ』（講談社）で有名になったため、特養に入れば医療も安心と思っている人が少なくありません。でも、石飛さんが勤務するような公営の特養でも、常勤医師（配置医）がいることは珍しく、パートタイムの嘱託医と契約しているところがほとんどです。

嘱託医には近隣の医師会所属の開業医がなることが多く、週1〜2回、施設内の医務室に数時間滞在し、入居者の健康管理と内科検診程度の診察、薬の処方をしています。

なかには熱心な嘱託医もいますが、高齢の医師がアルバイト的に勤務している場合もあり、熱が出たりするとすぐに救急車を呼ぶように指示する場合もありますので、どんな嘱託医がいるのかも、入居者の家族の話を聞いたりして調べてみるといいと思います。

嘱託医は、専門外の病気の診断や検査が必要になると外部の協力病院に依頼し、嘱託医がいない時間には、特養に勤務する看護師が医師と連絡を取りながら対応します。嘱託医の不在時に入居者の具合が悪くなったときには、看護師の判断で協力病院に連れて行ったり、ときには救急車を呼ぶこともあります。

自宅や高齢者住宅とちがって、特養には外部の医師が往診することはできません。ただ、がんの末期と看取りの場合だけは、嘱託医の了解があれば、30日に限って外からの訪問診療を受けることができます。また、歯科と眼科、精神科は、特養と契約した医師が月1～2回訪問しています。

特養に入ると、これまで自宅で受けていた訪問リハビリも受けることができなくなります。とはいえ、家族が付き添えば、これまでかかっていた医療機関に外来で通院したり、リハビリに通うことができる施設も多いので、あきらめずに相談してみてください。

医療が発達し、高齢者が長生きすればするほど、慢性病や肺炎などとのつきあいは増えていきます。「生活の場であって医療の場ではない」とされてきた特養でも、看取りに至るまでの長い期間の生活を支える医療の必要性が求められています。在宅医療の導入なども論議され始めました。

28

特養の看取り

特養は「終《つい》の住みか」になりうる施設なので、家族の大半は「看取りはここで」と入居の際から考えています。

介護施設が看取りに対して積極的になってきたのは、2006年に「看取り加算」が特養についてからで、12年に日本看護協会が行った調査では、「看取りをする」と答えた特養は8割になっていました。

しかし、実際に制度に沿った看取りをし、「看取り加算」を請求している件数はまだまだ少ないと言われます。特養での死亡による「退所」には、「具合が悪くなって救急搬送をしたら亡くなった」や「いつの間にか亡くなった」のほうが、圧倒的に多いからです。

施設での看取りが増えているもうひとつの理由は、点滴や胃ろうなどで延命せず、枯れるように死にたいという「平穏死」への意識が、家族や施設のスタッフにも広がってきたからでしょう。

とはいえ、本人や家族が施設で看取りを受けると決めても、看護師に救急車を呼ばれ、病院で望まない延命治療をされてしまうケースが少なくありません。

多くの特養では入居時に「看取りの同意書」への署名を求められます。見学の際には施設に「看取り介護の指針」があるかどうかを聞き、具体的にどんなことをするのかを確かめ、そうしたことをきちんと説明してくれるかどうかも、施設選択の判断基準にするといいと思います。

入所希望の待機者が多い特養ですが「どこでも入れればいい」ではなく、事前に施設をいくつか見学し、日常のケアの質や看取りについても比較してみてください。

看取りには看護職員のスキルやしっかりした死生観に加え、家族の側にも死の受容が必要です。できれば元気なうちに本人の希望を聞いておき、施設と一緒に悔いのない看取りを考えていきたいものです。

施設に住む
100歳になったCさんは
眠っていることが多くなった
亡くなったお母さんに
会うのが楽しみだと
言った

29

ショートステイを上手に使う

冠婚葬祭、家族の旅行や病気、さらに介護疲れを防ぐためのレスパイト（休息）として、大きな助けになるのがショートステイです。

介護保険サービスには、特養などに併設された部屋を利用する「短期入所生活介護」と、老健や介護療養型医療施設を利用する「短期入所療養介護」があり、サービスの内容が違います。

特養のように生活を支える介護施設のショートステイでは、日常生活のケア、リクリエーション、簡単な機能訓練の提供を行い、老健や介護療養型医療施設では日常生活のケアとリハビリを行います。

また、空室があればショートステイの利用ができる認知症グループホームもありますし、自費でショートステイが利用できる有料老人ホームも増えてきました。

費用は要介護度や部屋代によって違います。特養では個室の場合、要介護1で食費や加算などを含め1割負担で1日4000円程度。老健、介護療養型医療施設、グループホームなどはそれよりやや高く4500円程度（いずれも介護保険が1割負担の場合）です。

多床室ではもう少し安くなります。

ショートステイは人気のあるサービスなので、介護保険を使える施設では、利用できる日数は1泊2日から連続30日まで。30日を過ぎたら、再度、申し込み手続きが必要となります。

30日以上滞在する場合は、31日目を自費で払うと、翌日からまた保険適用がスタートするので、何か月もショートステイを利用している人もいます。

いっぽう有料老人ホームのショートステイは、最近は安くなってきたとはいえ、1日1万円を超えるところもあります。ただ、部屋に空きがあれば翌日からでも入れるので、緊急の場合に利用できるのが利点です。

ショートステイではホテルや旅館とちがい、「1泊2日」で2日分の利用料を取られます。利用したい日数の多い場合は特養などに早めに予約し、緊急時には有料老人ホームを利用するなど、使い分けるといいでしょう。

30 ショートステイでできること

ショートステイは、短期間とはいえ、何度も利用することが多いサービスです。ショートステイができる施設の情報はケアマネジャーがもっていますが、実際に利用したことのある家族から利用した際の内情を聞くなど自分でも情報を集め、できるだけ本人に沿ったケアをしてくれる施設を選びたいものです。

本人が「どこまで何ができるのか」というからだや認知症の状態については、ケアマネジャーが事前に施設に情報提供します。

初回に利用する際の面接では、本人と家族を前に施設の担当者がアセスメント（事前評価）を行いますので、そのときにケアマネジャーからどんな情報提供があったかを確認するとともに、家族の要望をきちんと伝え、「施設が何をどこまでできるのか」を確かめてください。

そのひとつが、ショートステイの利用中に体調を崩したときのこと。特養では入居者が訪問診療を受けることはできませんが、ショートステイの利用者については、自宅でのかかりつけ医からの臨時の「往診」を受けることは可能（定期診療は不可）です。

たとえば、高齢者がショートステイ中に起こしがちなのが発熱や下痢。そんなとき、かかりつけ医がいる人はかかりつけ医と施設の両方に相談し、対応を決めるといいと思います。施設からかかりつけ医の往診を断られた例もあると聞きますので、初回利用時に施設側に確かめておくといいでしょう。

いっぽう医師が常駐する介護老人保健施設（老健）では、保険医療機関で算定できない医療行為（投薬含め）を行う場合は、施設が医療費を負担することになるため、ショートステイ中の往診は嫌がられます。

ただし主治医の判断によっては、情報提供書を出して老健で治療をしてもらうなど方法があります。主治医と老健の医師と相談の上で、治療ができるよう頼んでみてください。「ショートステイから戻ってきたら、褥瘡《じょくそう》（床ずれ）ができていた」という話も時折耳にします。そんなときは施設に情況を聞き、訪問看護師と相談して予防する方法を考え、次回のショートステイの際に施設に伝えることをおすすめします。

31

介護老人保健施設と特養のちがい

老健の正式名称は「介護老人保健施設」。介護保険制度では、特養は「生活の場」ですが、老健は「リハビリをしながら在宅復帰をする場」と位置付けられています。特養は「終の住みか」になりうる施設ですが、老健は「病院と在宅の中間施設」なので、ずっと住み続けることはできません。

介護保険制度が始まる前、老健は医療保険の対象施設で、脳卒中や骨折で入院した人が、病院での治療を終えたあと、3か月程度滞在し、在宅復帰に向けてリハビリテーションをする場所でした。

しかし、2000年に介護保険制度が始まると介護保険の対象施設になったため、老健には制度上の限定期間は定められなくなりました。

「老健は3か月で出なければならないの?」と、よく質問されますが、実際には3か月ごとの見直しを経て、延長されるケースがほとんどです。老健には特養への入居待ちのために入る人も多く、入居期間は全国平均では約1年。長い場合は数年間滞在し、そのまま亡くなる人もいます。

老健にも長所と短所があります。長所は限定的とはいえ医学管理下のケアがあることと、リハビリなどの機能訓練があること。そして、特養と同じように利用料が比較的安く、入居一時金の必要がないことがあげられます。

いっぽう短所は、老健には病院のような雰囲気の多床室（大部屋）が多いこと、長期の滞在が難しいこと、リハビリや体操は多いけれど、リクリエーションなどが少ないことです。特養にくらべ病院っぽい施設が多いともいえるでしょう。

老健の施設長は医師と決められていて、施設内で一定程度の医療を受けることができます。しかし、特養のように外の医療機関にかかることはできず、入院すると即日、退所扱いにされてしまいます。特養とのちがいを知って、利用してください。

特養の入居条件は「要介護3以上」になりましたが、老健の入居条件は従来通り「要介護1以上」。特養よりも軽度で入居できるとあって、「特養待ち」をする人がさらに増えたため、以前にくらべ入居が簡単ではなくなり、入居期間も短期を求められる傾向になってきたようです。

32

老健にもいくつかのタイプがある

老健には「入居」「通所（デイケア）」「ショートステイ」の3つの基本サービスがあり、ふつうひとつの建物に併設されています。いずれも65歳以上、要介護1以上の高齢者が対象で、体調が安定し、入院の必要がないことが条件です。ただし、40〜64歳でも、脳血管疾患、認知症、末期がんなど16種類の「特定疾病」に認定されていれば入居ができます。

老健の本来の目的はリハビリをして在宅に戻すことですが、80代以上が8割、うち90歳以上が3割を占めているため長期の入居者が多く、「特養化」しているのが現状です。とはいえ、「施設から在宅へ」の流れが進むなかで、集中的なリハビリで早期の在宅復帰をめざす「在宅強化型」の老健も増えてきました。さらに2018年度介護報酬改定で介護老人保健施設はサービス類型が見直され、改定後は「基本型」「加算型」「在宅強化型」「超強化型」「その他」の5タイプになります。ですから、老健を選ぶ場合には、タイプを知って目的に合わせた選択をするのもいいかもしれません。

たとえば脳梗塞などを起こし、急性期・回復期病院での治療後、在宅復帰へのステップとして老健を使いたい人は、「在宅強化型」や「超強化型」や「在宅復帰・在宅療養支援機能加算」を取得している施設、「在宅リハビリテーション提供可能施設」を選べば、在宅復帰に向けてのさまざまな生活機能訓練や、自宅に戻った後のフォローアップサービスを受けることが期待できます。

また、認知症の人の在宅復帰や生活機能の改善を目的とした「認知症短期集中リハビリテーション提供可能施設」もあります。

こうしたタイプの老健では、利用者が老健と自宅を行き来しながら、地域で暮らし続けることができるよう、支援しているところも少なくありません。

さらに、今はまだ数は少ないけれど、胃ろう、酸素吸入、尿管カテーテルなどの医療的ニーズのある高齢者に対応する「介護療養型老健」の選択肢も、これから増えてくるようです。このタイプの老健では、ターミナルケアや看取りも行っているため、亡くなるまで入居することが可能です。

お近くにどんなタイプの老健があるのか、地域包括支援センターなどに尋ねてみるといいでしょう。

33

本人の声に耳を傾ける

「施設」とひとくちに言っても、ケアの質は千差万別です。認知症ケアに力を入れ、看取りまできちんと行うところもあれば、そうでないところもあります。

それは施設の経営方針や、ケアへの取り組み方などで違いが出てくるからです。違いを知るには、見学して施設長やスタッフから理念や方針を聞いたり、口コミで評判を聞くなどの方法がありますが、その一方で、本人の気持ちをどう理解し、どんなケアをその施設に期待するのかということを、家族自身がはっきりつかむことも大切です。

北海道で在宅介護の同行取材をしたときに、92歳の男性にお会いしました。数か月前に脳梗塞を起こし、病院の医師から「家ではもう暮らせない」と言われた方です。

病院と施設の多い北海道では、「介護が必要になったら施設か病院」が通常ルート。家族も医師の言うままに、特養の順番を待つ間、老健への入居を決めました。

ところが男性は病院でも老健でも「家に帰りたい」と言い続けました。男性の悲痛な声に根負けした家族から相談を受けた地域のケアマネジャーは、老健のケースワーカーと協力し、男性を家に戻すことにしました。

男性もリハビリを必死に頑張って、３か月後には自宅復帰しました。老健入居時には３人で抱えて車いすに移さなければならないほど重症だったのが、老健を退所するときにはふたりで、自宅に戻って２週間目には、家族がひとりで車いすの介助をできるようになっていたそうです。

病院でも老健でもどれだけ家に戻りたかったか、ということを、男性は不自由な言葉で懸命に私に話してくれました。

最初は無理だと思っていた家族も、男性があまりにも「家に帰りたい」と繰り返すので、「何とか帰してやりたい」と考えるようになり、顔見知りのケアマネジャーに相談したといいます。

男性の言葉にうなずいていた家族の笑顔をいまも思い出します。本人と支える側の気持ちが一致すれば、こんな光景を見ることもできます。

まずはご本人の声に耳を傾けてください。

34

介護はいつでも、一歩先を考えて

お盆や年末年始などに実家に戻り、「両親の老いをあらためて感じた」という方もいらっしゃると思います。90代の両親をもつ私も、帰省のたびにそれを感じているひとりでした。

我が家では先年亡くなった母も「自宅で最期まで暮らしたい」と言っていましたので、その希望をかなえられるよう考えてきましたが、いつなんどき母のそばにいる父が倒れたり、自宅での介護が困難になるほど母の認知症や持病が悪化するかわかりません。

それに備え、郷里で母を担当するケアマネジャーに、ショートステイや認知症グループホームに関する情報を集めてもらうよう頼んだこともありました。介護はさまざまな可能性を考えながら、常に一歩先を考えておく必要があるということを、これまでの介護経験でしみじみ感じていたからです。

私自身が介護のキーパーソンとして、8年間自宅生活を支えてきたひとり暮らしの認知症の友人がグループホームに入居してから、そろそろ6年になります。

「家に居たい」と言い続けてきた友人ですが、「夜が寂しい」と訴え始めたのと、骨がもろくなり、ちょっとしたことで骨折することが多くなったため、そろそろ潮時かもと思い、前々から選んでいたグループホームで「お試し入居」をしてみました。すると、抵抗なくなじんでくれたので、入居を決めました。

数ある高齢者住宅や施設の選択肢の中で、グループホームを選んだのには理由があります。介護を始めて4年目に友人は心筋症で入院し、入院中に認知症が進んだためか退院後「拒食状態」になりました。

食べないので体重がどんどん落ち、「これは危ない」と思って必死に病院を探し入院させました。その病院で担当医から「自宅はもう無理です」と言われたのをきっかけに、有料老人ホーム探しをしたのが介護施設見学の始まりです。

このときは友人が「施設はイヤ」と言い張ったので、自宅に戻りましたが、また同じようなことが起こらないとも限りません。私自身も高齢者住宅や施設について、もう少し知っておくことが必要と、時間を見つけては有料老人ホーム、特養、グループホームなどを見学して回りました。

数ある選択肢の中から、なぜ彼女のためにグループホームを選んだのか。その理由をお話ししましょう。

35

認知症の人にとって大切なこと

認知症グループホーム（認知症対応型共同生活介護）は、認知症の人が小規模な生活の場で、少人数で共同生活をする介護保険施設です。

ルーツは介護施設で行われていた画一的な集団ケアや、家庭とはかけ離れた居住環境に疑問を持つ人たちが草の根的に取り組んだ「宅老所」。１９９７年に制度化され、２００６年以降は「住み慣れた地域での生活を支えるサービス」として、市区町村管轄の「地域密着型」施設となりました。

入居条件は65歳以上で要支援2以上の認知症の人。すべて個室での生活で、費用は月15～20万円が目安です。入居時には「保証金」などを求められることもありますが、多くの施設では退所時に全額返還しています。

運営するのは社会福祉法人、ＮＰＯ、株式会社など。最近では集合住宅型が多くを占めるようになりましたが、もともと目指したのは「自宅」のような雰囲気の生活の場です。そのため、田舎では古民家を利用したり、都会でも個人の住宅を改築しているところが少なくありません。

環境の変化に敏感な認知症の人にとって、大切なのは「なじみの関係」です。周囲の人の顔が変わると混乱するので、グループホームでの生活は5～9人を1グループ（ユニット）とし、専属の介護職員が担当します。

そして、家庭的で落ち着いた雰囲気の中で、掃除、洗濯、調理など、それまで本人が日常的にやってきたことをスタッフと一緒に行いながら、本人の残っている力をできるだけ引き出します。

一人ひとりに合ったケアを行う「個別ケア」を特色とし、施設数も増えてきたグループホームですが、介護とは無縁だった異業種の参入に加え、介護スタッフの不足や利用者の重度化もあり、施設による質の差が残念ながら大きくなっています。

従来は2ユニット（最大18人）までが限度でしたが、3ユニット（最大27人）が認可されてからはビル型の施設も増えてきたため、グループホーム本来の「家庭的」な雰囲気が薄まり、「小規模特養とどう違うのか」という批判も出ています。

認知症の人に大切なのは、そこが本人にとってどれだけ居ごこちのいい場所なのか。グループホームが視野に入ってきたら、利用者やスタッフの笑顔、日々の過ごし方などを見ながら、時間をかけて見学をしてください。

36

本人らしい暮らしとは

私が自宅生活を支えた認知症の友人は、４年前から認知症グループホームで生活しています。そこに至る間に有料老人ホームから特養まで、数年がかりで見学と取材をしましたが、その中で学んだことがあります。

それは、①環境の変化に敏感な認知症の人には、少人数の暮らしの場がいい、②本人の土地鑑がある地域で、本人のそれまでの暮らしに近い環境で暮らすのがいい、③「お世話」だけされるより、残っているさまざまな力を生かしながら、本人らしい暮らしができるところがいい、ということでした。

結論として私が選択したのが「地域密着型」のグループホームです。時間をかけ、友人が当時住んでいた区内にあったホームのほとんどを見学したので、グループホームと一口に言っても、方針、ケアの質、生活の内容、医療や看取りへの対応、地域とのつながり方などに、ずいぶん差があることがわかりました。

商店街に近い団地の中にあるグループホームでは、利用者が職員と一緒に買い物をしたり、喫茶店に行ったりしながら、日常生活を楽しんでいました。四季の食材にこだわり、利用者と一緒に料理をするのを特色とするグループホームもありましたし、大手工務店が運営するグループホームでは、クローゼットなど便利そうな収納を用意していました。

そんな中から、地名や道路の名前などが彼女になじみのある地域で、スタッフの雰囲気がよく、彼女の自宅に似た「木造風で庭のある」グループホームふたつを選び、とりあえず申し込みをしました。

人気のある施設は順番待ちも多いので、入居が現実的になってきたら、少し早目に申し込んでおくといいでしょう。「空き」の連絡が入っても、まだその時期でない場合、順番待ちが継続できるからです。

友人の場合も、実際に入居する前に「空き」の連絡が数回ありました。けれどもその時点では本人の納得が難しそうだったので「次回にしてください」とお願いし、3度目に連絡をもらったときに「そろそろ大丈夫かな」と思い、お試し入居をすることにしました。

高齢者住宅や施設を選ぶときには、数か所を訪れ、見学しながら施設長などの話を聞くことがいちばんです。

事前調査には、インターネットで閲覧できる都道府県の「福祉サービス第三者評価」も手がかりになります。私はこの「第三者評価」を見ながら見学の順番を決めました。

37 施設選びのポイント

グループホームに限らず、施設の選び方にはポイントがあります。まずは事前調査。お住まいの市区町村には介護保険施設のリストがありますので、介護保険担当課を直接訪ねたり、ホームページから入手しましょう。ケアマネジャーは地域の情報や施設の評判を知っていますので、リストを見ながら相談します。

口コミで評判を聞いたり、先にお伝えした都道府県の「第三者評価」（受けていない施設もある）を見ることで、ある程度の事前情報を得ることもできます。

数か所を選んだら、予約を取って実際に見学をします。グループホームの居室の広さは4畳半以下です。自宅で使い慣れた家具は自由に持ち込むことができますが、部屋が狭いのでそう多くは運び込めません。

ただ、自宅に近い雰囲気をつくると、本人がなじみやすいので、できるだけそれまで暮らしていた部屋に近い雰囲気を持ち込むといいと思います。

グループホームでの生活の中心になるのは、キッチンに続く食堂と居間です。そこが居ごこちのいい空間かどうかをまず確かめましょう。トイレや洗面所は室内にないことが多く、浴室も共同です。

見学時には施設内の掃除が行き届いて清潔なのはもちろんのこと、家庭的な温かい雰囲気があるかどうかをチェックしましょう。注目したいのが、入居している人たちの表情と、施設内で出会う職員の態度です。グループホームに限りませんが、「こんにちは」「いらっしゃいませ」などの挨拶が、職員から自然な笑顔とともに出てくるかどうかを見てください。

また、職員の入居者への接し方はどうか、入居者に笑顔はあるか、入居者が季節に合った清潔な洋服を着ているか、髪の乱れた人はいないか、ゆったりした空気が流れているか、といったことも、施設のケアのバロメーターになります。

グループホームのような「地域密着型」の施設には、入居者の家族が参加できる「運営推進会議」（2か月に1度）の開催が義務付けられています。

地域包括支援センターの職員や地域の民生委員なども参加するこの「運営推進会議」は、グループホームの地域との関わり方を示すものなので、訪問した施設がこれを取り入れているかどうか、入居者の家族がそこに参加しているかどうかも、チェックしたいものです。

38

グループホームでも訪問診療が利用できる

介護保険で利用できる施設でも、グループホームには特養や老健と異なる部分がいくつかあります。そのひとつが、自分で選んだ訪問診療が受けられること。

これはグループホームが、市区町村が事業者の指定や監督を行う「地域密着型」と呼ばれるサービスで、介護が必要な状態になっても住み慣れた地域で暮らせる「住まい」として考えられているからです。

多くのグループホームは特定の医療機関と提携しています。私の友人には認知症の主治医がいて2か月に1度通院していますが、風邪や便秘などふだんの軽い疾患に対応してくれる医師が必要なので、自宅にいるときから訪問診療を利用していました。

友人が地元のグループホームに入ったとき、その施設が提携していたのは、車で30分以上かかる別の区にある訪問診療専門の医療法人でした。都内でいくつもの施設を運営するこのグループホームでは、一括してその医療法人と提携していたのです。

しかし、施設のある地域には訪問診療を行う診療所がいくつもあります。そこで前出の「運営推進会議」に最初に出席した際、「往診に時間がかかる遠くの医療機関よりも、近隣

ついさっきの事もわすれて
しまうけれど
和裁をしていた
Cさんの手は
それを覚えている

の診療所からの医師のほうがいいのではないでしょうか」「ひとつの医療機関からではなく、医師を選べるようにしてください」と提案しました。

すると、出席していた家族全員から「えっ、お医者さんが選べるのですか⁉」という声が上がりました。グループホームでは自分で訪問診療機関を選べる、ということを家族は誰も知らなかったし、施設側も説明をしていなかったのです。

この話し合いをきっかけに、グループホームでは近隣の新しい提携医を入れることになり、歯科を含む近隣の訪問診療機関についても、選択ができるように情報提供をするようになりました。施設からの情報提供で知った精神科医の訪問診療を受け始めた人もいます。

この施設では家族からの要望で、それまで積極的ではなかった「看取り」についても、取り組みの姿勢を見せるようになりました。「家族が要望をすれば、施設も変わる」を実感した一例です。

39

歩ける人は訪問診療を受けられない？

お母さんがグループホームに入居中の方から、訪問診療についての質問がありました。88歳のお母さんは心臓病と認知症で月2回、地域の病院の外来に通院しています。そのたびに娘さんが横浜から茨城県のグループホームに通い、病院に連れて行っているそうですが、最近、歯科にかかる必要性も出てきました。

そこで娘さんが、施設に訪問する歯科医の受診ができないかと職員に相談すると、「歩ける人は訪問診療や訪問歯科を受けることができない」と言われたそうです。歯科の診療が施設でできないとなると、娘さんはお母さんを歯科の外来に連れて行かなければなりません。「これは介護保険で決まっているのでしょうか、自治体によって違うのでしょうか」というのが、娘さんの質問です。

自宅や施設に医師が訪問する訪問診療は、基本的には通院できなくなった人のための医療です。とはいえ、認知症の人や高齢で移動や時間待ちが困難な人に、訪問診療や訪問歯科を導入することは珍しくありません。

認知症になった私の友人も、自宅生活中のある時期から、近所の診療所への通院を嫌がるようになったため、訪問診療を利用するようになりました。グループホームで暮らし始めてからは、下痢や発熱など日常の治療については施設への訪問診療を利用しています。歯科についても同じです。

いっぽう長年、通院している認知症専門医の病院には2か月に1度、職員の付き添いで通院を続けています。これは入居時に施設長と話し合った取り決めで、「本人の外出の機会にもなる」ということで、施設長が替わっても継続してもらっています。

グループホームや有料老人ホームでは、職員に通院介助を頼むと自費負担が発生することがありますが、「訪問診療ができない」ということはふつうありません。「歩ける人は訪問診療を受けられない」というのは、職員の思い込みかもしれませんし、もしかしたらそのグループホームには、訪問歯科がまだ入っていないのかもしれません。

自治体がグループホームの訪問診療について決めることはありませんし、グループホームでは原則的には本人や家族が医師を選択することができますので、施設長と面談し、お母さんにとっていちばん負担のない受診方法を話し合うようアドバイスしました。

40

「総合事業」ってなに？

２０００年から始まった介護保険は、２０１８年で18年目を迎えます。３年ごとに料金などを見直す「介護保険制度改正」が行われていますが、高齢者人口が増え、医療や介護などにかかる社会保障費が増え続けているため、国の借金が減らないということで、改正されるたびに介護保険料が高くなり、サービスが使いにくくなっています。

２０１５年４月の介護保険制度改正の特色は、介護保険の対象が「中重度者」と「貧困者」中心になってきたことでした。介護保険サービスで２割負担の人が出てきたり、特養の入所対象が原則要介護３以上になったことは57ページで説明しました。

そして、もうひとつの大きな変化が、軽度者とされる「要支援１・２」の人たちへのサービスです。

「要介護１～５」より軽度な「要支援」の人たちも、これまで国の介護保険サービスを全国一律で利用することができました。ところが、要支援については一部のサービス（訪問介護と通所）を市区町村独自の「介護予防・日常生活支援総合事業」（総合事業）という、住民ボランティアの活用を視野に入れた新サービスに、１７年度までに移行することになったため、さまざまな懸念が出てきました。

「介護保険」は国の「制度」なので、料金もサービスも全国一律ですが、総合事業は「事業」なので、各自治体の裁量で料金もサービスも決めることができます。

そこで出てきた懸念のひとつが、サービスの内容や利用料などに「地域格差が出る」という問題です。

費用のかかる「要介護認定」への申請をなるべくさせず、安上がりな「総合事業」に誘導されてしまうのではないかという懸念もあります。

これまでは窓口で申請すれば、誰でも要介護認定を受けることができましたが、総合事業では新規の人はその前に「チェックリスト」を全員が受ける仕組みになっているため、そこで振り分けを行う自治体もすでに出てきています。

2015年4月に約1割の市区町村でスタートしたのに続き、2016年4月からは、約3割の自治体が「総合事業」を開始しました。そして2017年にはすべての自治体が総合事業に移行しました。

要支援の人はどうなるのか。説明を聞いたりパンフレットを見ても「何が何だかわからない」という人が多いので、その疑問に答えてみたいと思います。

41

「要支援」の制度と変わるサービス

「要支援1・2」のサービスの一部が、市区町村に移行する「介護予防・日常生活支援総合事業（総合事業）」。2017年3月にすべての自治体で始まりましたが、住民の側からは、「えっ、要支援がなくなっちゃうの？」といった素朴な疑問が出るなど、複雑になったサービスにまだまだ混乱が続いています。

現在、要支援の人やこれから要支援になる人は、どんなサービスがどんなふうに利用できるのでしょうか。要支援の人向けにはこれまで国の介護保険制度で、次ページの図のように訪問介護、通所介護、訪問看護、通所リハビリ、福祉用具貸与などのサービスがありました。

このうち訪問看護や福祉用具貸与などはこれまで通り、国の一律のサービスとして残りますが、もっとも利用の多い訪問・通所介護が「訪問型・通所型サービス」として、市区町村の総合事業に移行しました。そして、新たな「生活支援サービス」と、元気な人たち向けの「介護予防」がそこに加わりました。「要支援」はなくなりませんが、しくみとサービス内容が自治体の裁量となりました。国と自治体と2つのしくみができたことで、要

要支援の人向けサービス

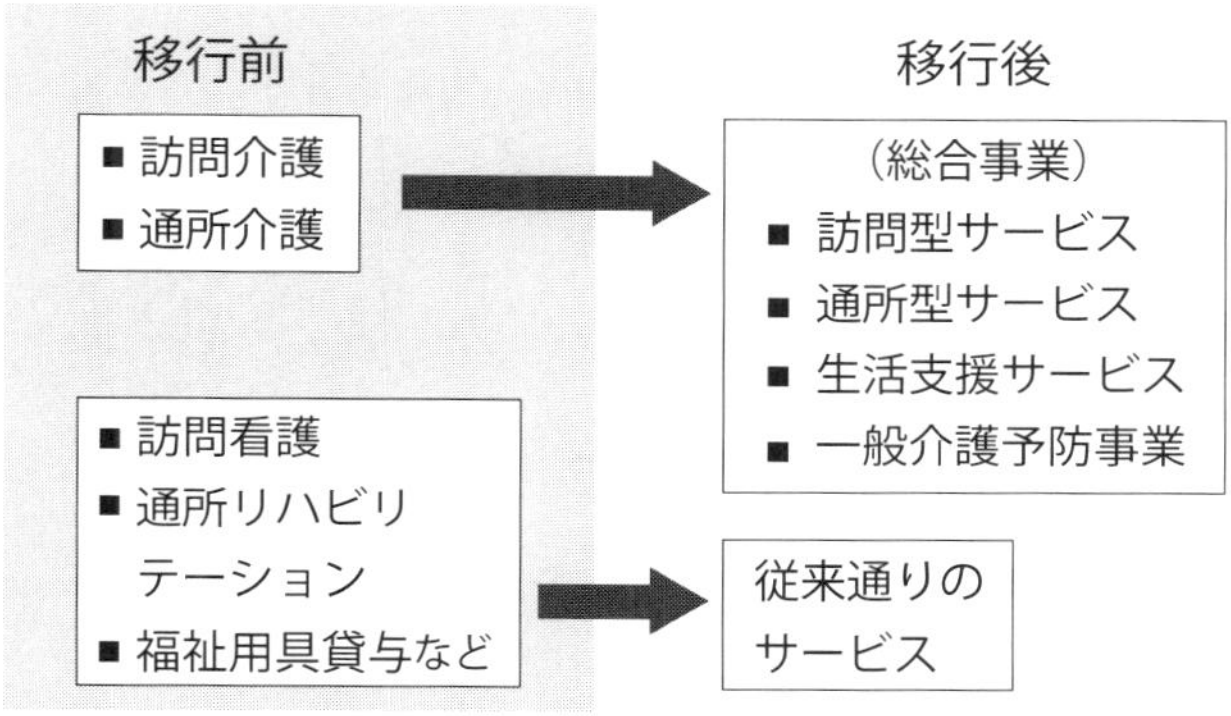

支援のサービスは非常にややこしくなりました。サービスが二分割されたばかりか、提供者も一律ではなく、専門職からボランティアまでさまざまな人が関わってきます。誰からサービスを受けるかで料金も異なります。

利用料金は各自治体が決めますが、「介護保険によるサービス料を超えてはいけない」ということになっているため、専門職の入るサービスを逆に2割安から半額に設定した自治体もあり、「これではやっていけない」と事業者からの猛反発を受けています。

すでに要支援認定を受けている人は、当面はこれまでと同じように専門職からサービスを受けられますが、新しい利用者はこの新しい総合事業の対象になります。専門職によるケアが本当は必要なのに、「安いですよ」と経験のないボランティアの利用を勧められ、軽度の認知症が重症化するケースが出てくる可能性もあり、自治体の力量が問われています。

42

「総合事業」への誘導に気をつけて

全国一律だった「要支援1・2」のサービスの一部を、独自の「総合事業」に移行した自治体では、さまざまな混乱が起きています。その理由のひとつは「ボランティアなどによる生活支援」という、新しい選択肢ができたことです。

「総合事業」のサービスは自治体によって違いますが、これまでは一律で専門職のヘルパーのサービスが受けられていたのが、自治体によっては「研修を受けたボランティア」や「未経験のボランティア」を含む複数のサービスが加わってきます。利用料はボランティアのほうが安くなりますが、質を求めることはできません。

また、これまでは介護が必要になったら、誰でも要介護認定申請をして、要介護度に沿った介護サービスを介護専門職から受けることができました。ところが、総合事業では地域包括支援センターなどの窓口に相談に行くと、要介護度を簡易に判定するチェックリストを渡され、要介護認定を申請するか総合事業を利用するのかを聞かれることがあります。

そこで問題になるのが総合事業への誘導です。要介護認定は申請すれば誰でも受けられる国民の権利です。でも、説明されても介護保険と総合事業の違いがよくわからない人は、「総合事業だと、サービスがすぐ受けられますよ」と言われると、ついそちらを選んでしまいがちです。

　取材してみると、いくつもの自治体の地域包括支援センターの職員から、「実際には総合事業へ誘導している」という本音や嘆きが漏れ聞こえてきました。要介護認定には、調査員の訪問、医師の意見書、認定審査会開催などの費用がかかります。それらを減らすために、総合事業への誘導を自治体から要請されているというのです。

元図書館司書のDさんは
並べ方にもキビシイ
折り紙も色別の片づけを
徹底している
それ
青よ！

　従来通り、窓口に相談に来た全員に要介護認定の申請を認める自治体もありますが、先行して総合事業を始めた自治体では、窓口に相談に行った高齢者が総合事業の利用を勧められ、時間や回数の短縮された地域デイサービスや、ボランティアによる生活支援を利用したことで、認知症が進んでしまったという家族の嘆きもありました。

　必要なのにそれに見合ったサービスが使えないのは問題です。家族も利用者も、どんな状態でどんなサービスが必要なのかを、窓口できちんと伝えてください。

43 これから大きく変わる「介護保険」

最近、「互助」という言葉をよく聞くようになりました。「自助」「互助」「共助」「公助」と言われます。以前は、「公助」「共助」「自助」でした。しかし、これからは「自助」と「互助」が、あらゆる面で言われることになり、「共助」「公助」は次第に減ってきます。

「自助」というのは、「自分ができることは、自分でする」。「互助」は自分ができることは自分がするけれど、できないことはお互いに助け合う。「共助」は介護保険、医療保険、自立支援などの制度を指しています。そして、「高福祉低負担」の時代には最初にあった「公助」は、生活保護や権利擁護ということになってしまいました。

高齢者大国になったことで、日本では医療費、介護費が大きく増え、これをカバーしようということで、私たちの負担も増えています。都市部の介護保険料は平均6000円を超え、消費税10％も2019年10月から実施されることになりました。

こうした現状を背景に、これから介護保険とそのサービスのあり方が大きく変わっていきます。2017年4月から、要支援の人の訪問介護とデイサービスなどへの通所介護、介護保険制度から地方自治体による「介護予防・日常生活支援総合事業（総合事業）」に移ったことはお伝えしました。これからは、軽度の人の生活支援は、自費とボランティアなどによる支え合い活動が中心になってきます。

今回は多くの反対で見送りになりましたが、要支援の人ばかりでなく、要介護1・2の人たちに対する生活援助も介護保険からはずし、福祉用具のレンタルも有料にしようという「自助」の方向の論議も続いています。

医療では医療保険と自費を組み合わせた「混合医療」が論議されていますが、介護も同じように、介護保険サービスと自費サービスを組み合わせた「混合介護」が語られるようになりました。

年金は少なくなる一方で負担は増大するばかり。こうした時代の中で高齢者はどう生き、どんな最期を迎えることができるのか。

国からの「自助」の押し付けは勘弁してよ、ですが、私たち自身もそろそろ、「親方日の丸」だったこれまでの医療・介護・福祉への考え方を変え、自分たちの住む自治体がどう私たちのケアをつくっていくのかということに、しっかりと目を向け、意見を伝えていきたいものです。

44

「最期まで在宅」を支える味方

『おひとりさまでも最期まで在宅』（築地書館）を出版してから、在宅医療に関する講演を全国でするようになりました。

どんな調査を見ても「自宅で看取りを受けたい」と願う人は高齢者の約6割います。でも、そのうちの6割の人は「実現はむずかしいだろう」と感じています。最大の理由は「家族に迷惑をかける」「家族の介護力がない」です。私が講演を始めた当初は「在宅医療なんて、本当にできるの？」という反応が大半でした。

けれども、「在宅ケア」や「在宅看取り」をメディアが取り上げることが多くなったことで、とくに都市部ではこの数年、在宅医療に対する意識がずいぶん変わってきました。

私は自分の介護経験と、認知症介護から看取りまで「在宅ケア」に関する講座活動を地域で続けることを通じて、多くのことを学んできましたが、そのひとつが医療と介護と友人・隣人に「チーム（ケアの味方）」として、在宅ケアにかかわってもらうことの大切さです。

私が介護のキーパーソンをしているおひとりさまの認知症の友人には、段階を踏んで日

常生活を支える味方を増やしていきました。最初は「ケアマネジャー＋訪問ヘルパー＋友だち＋隣人」です。５人の友だちには食事などの連れ出しや訪問を依頼し、３人の隣人には不審者などへの目配りをお願いしました。

そのうちに認知症主治医が見つかり、２か月に１度通院するようになりました。さらに日常の内科系の健康管理をしてもらう訪問診療医と訪問リハビリの理学療法士が自宅に入りました。

デイサービスは本人の拒否が強かったので利用することができませんでしたが、この体制が整ってからは、８年間の彼女の自宅生活の中でいちばん穏やかな時期を過ごすことができました。

在宅ケアでは、訪問診療医、訪問看護師や訪問リハビリのほか、訪問歯科、訪問薬剤師、管理栄養士など、さまざまな専門職がかかわることができます。

ご本人と家族がその時々に必要な人たちを味方につけていけば、「最期まで在宅」も決して夢物語ではないと思います。

45

訪問看護師のちから

私の母はC型肝炎と心筋症の持病に加え、89歳で認知症を発症しました。その見守りをする93歳の父と、月1回の遠距離介護をする私にとって、いちばん頼もしい味方は訪問看護師のナカジマさんでした。

前にもふれたように、母は認知症を発症する以前の要支援の段階から、ヘルパーの導入を嫌がっていました。そこで母に要介護1の認定が出たとき母のかかりつけ医と相談し、訪問看護師に週に1回来てもらうことにしました。

母の10年来のかかりつけ医は訪問診療もしていますが、外出の機会にもなるため、母は肝硬変を抑える注射を受けに毎週、診療所に通院をしていました。

訪問看護師は、褥瘡《じょくそう》の治療や医療器具の交換から家族の相談まで幅広い仕事をしますが、母の場合はかかりつけ医と連絡を取りながら、服薬管理、バイタル（血圧、心拍数、酸素濃度）や症状のチェックをし、軽い体操とおしゃべりをしてもらいました。

母が認知症になったことでパニックを起こした高齢の父は、最初の半年ほどは切羽詰まった声でよく電話をかけてきました。しかし、東京に住む私はすぐに駆けつけることができません。

そのうちにだんだんかかってくる電話が少なくなってきました。ナカジマさんが母の病状や、認知症の人との接し方を根気よく説明し、父の相談相手になってくれたばかりか、「ウチは24時間対応なので、何かあったら夜中でも電話してくださいね」と繰り返し言ってくれたからです。

左目の視力が弱い母は、バランスを崩してよく転び、軽いケガをすることも増えましたが、それを私が知るのも父からの電話ではなく、ナカジマさんからのメールでした。

訪問診療に熱心な医師は、冗談交じりでこう言います。「いい看護師がいれば、僕らなんていらないくらいだよ」。

在宅ケアの取材で私が目を見開かせられたのも、家族の相談相手としてかかわる訪問看護師のちからでした。かかりつけ医が24時間対応でなくても、連携する訪問看護師が24時間対応であれば、夜中でも駆けつけてくれます。

とくに医療のニーズのある人にとって、訪問看護師を味方につけることができれば、在宅ケアはどれだけ楽になることでしょう。

訪問看護師のEさんが来ると
Fさんはいつもニコニコ
こんにちは

46

生活を取り戻すリハビリ

リハビリというと、脳卒中や骨折を起こしたあと、機能を回復するために受けるもの、と考えている人が多いと思います。私も訪問リハビリを知る前は、そう考えていました。

リハビリは確かに「機能回復訓練」の側面をもっています。しかし、それ以上に大切なのは、「できるだけ以前の生活を取り戻す」ことです。世田谷区で地域活動を共にする訪問リハビリ医の長谷川幹さんは、障害を持っても地域で自分らしく暮らしていける社会をつくっていくのが、リハビリテーションだと言っています。

リハビリが有効なのは脳卒中や骨折だけではありません。理学療法士による訪問リハビリに同行したことが何度かありましたが、パーキンソン病、心臓病、関節疾患、加齢などによる筋力の衰えから認知症まで、本当にさまざまな利用者に出会いました。

認知症になった私の友人は、認知症が進むにつれ身体を動かす意欲がなくなり、デイサービスどころか、散歩や買い物もいやがるようになり、下肢の筋力の低下が年々深刻になってきました。

そこでケアマネジャーが提案したのがリハビリです。理学療法士に週1回、体操と散歩

をお願いしました。認知症の人には手芸やゲームなど本人の好きなことを通じてリハビリを行ってくれる、作業療法士が効果的なこともあります。

友人は認知症になる前はヨガが大好きだったので、体操にヨガを取り入れてもらったら、とても楽しそうに体を動かしていました。ときどき交代でイケメンの理学療法士がやって来るようになると、その日はふだんはいやがる散歩にも二つ返事で出かけたそうですから、イケメンパワーは絶大です。

訪問リハビリは、基本的には介護保険を利用します。訪問リハビリを受けたい人は主治医とケアマネジャーに相談し、医療機関、老人保健施設、訪問看護ステーションなどからサービスを受けてください。

利用料は介護保険（1割負担）の場合、1回20分で約３００円。週に6回使えますので、2回分まとめて40分で利用する人が多いようです。

脳梗塞で「意識が戻るかわからない」と言われた人が、杖を使って自分で買い物ができるようになるまで回復した例を見たこともありました。家族も「あせらず、急がず、根気よく」本人を支えてください。

47

訪問薬剤師を上手に利用する

体内の臓器の働きが衰え、抵抗力の弱くなる高齢者には、「病気の問屋」が少なくありません。内科、整形外科、眼科、皮膚科、歯科と複数の診療所に通ううちに、同じ薬や、飲み合わせの悪い薬を処方されていることがよくあります。

10種類20種類と処方された薬が大量に飲み残され、日本の医療費が圧迫されているという報道を目にされた方もいらっしゃるでしょう。

意外な盲点になっているのが、市販の風邪薬です。年齢を重ねると腎臓や肝臓の代謝機能が弱ったり、薬に対する感受性が若い人より強くなるため、思わぬ副作用が出る場合があります。認知症薬を服用している人が、風邪薬で「せん妄（意識障害が起こり頭が混乱した状態）」を起こすこともあるので、薬の管理は重要です。

その意味では、複数の医療機関を受診していても同じ薬局で処方を受けていれば「このお薬、二重に出ていますね」とか「市販の風邪薬と併用しないでくださいね」などとチェックして、助言をくれたりするので安心です。顔なじみになると、「いいお薬が出たので、先生と相談しましょうか？」と助言してくれる薬剤師さんもいます。

家に薬を届けてくれる「訪問薬剤師」も増えてきました。薬を届けるだけではなく、本人と家族に説明しながら薬の整理をし、うまく飲めていない人には薬をまとめて「一包化」したり、飲む回数を少なくするなど調整します。さらに「服薬カレンダー」や仕切りのついた「服薬管理ボックス」など、本人に合った服薬ツールも紹介しています。

とくに認知症の人は、薬を飲むこと自体を忘れてしまうので、飲んだかどうかが一目でわかる「服薬カレンダー」の存在は大切です。

自宅で暮らす日中独居やひとり暮らしの認知症の人には、こうした「お薬管理」が大きな課題になります。

定期的に自宅にやってくる訪問薬剤師は、本人の状態を見ながら薬の効果、種類や副作用をチェックし、うまく薬が効いていない場合は、主治医に報告して薬の変更を提案することもあります。

介護保険では薬剤師による「居宅管理指導」のサービスがあり、医師が同意すれば月4回まで1回約500円（1割負担の場合）＋薬代（医療材料・衛生材料も含む）で利用できます。ケアマネジャーと相談し、上手に利用しましょう。

48

「食べられる口」をいつまでも

高齢になると、若いころはきちんと行っていた歯の手入れが、次第におろそかになってきます。とくに介護を受けている人はその傾向が強く、厚労省の調査では、要介護者の8割近くが何らかの歯科治療を必要としているのに、実際に治療を受けているのは3割に満たないという結果が出ました。

歯や歯茎の問題ばかりでなく、高齢になると噛んだり飲み込んだりする機能も低下するため、肺炎などの病気を引き起こしやすく、脳への刺激が少なくなることで認知症の原因になるともいわれています。

神奈川歯科大学の研究報告によると、「何でも噛める」高齢者は「あまり噛めない」高齢者と比べて認知症の発症リスクに1・5倍の違いがあるとか。顎を開けたり閉じたりすることが、脳に酸素と栄養を送り、脳の認知機能の低下を予防するのだそうです。

取材などで歯科医から高齢者の口の中の写真を見せてもらうと、何ともすさまじいことになっていて、口腔ケアの大切さを思い知らされます。とくに認知症の人は、自分では歯を磨くことを忘れている場合が多いので、家族や介護職の目配りが大切です。

普通、私たちが考える歯科通院の目的は、虫歯の治療や歯周病の予防と治療、義歯や入れ歯をつくることですが、口の健康を保つ「口腔ケア」には実はふたつの目的がありす。ひとつは「清潔な口をつくる」こと。もうひとつはマッサージや口腔体操を通じて「食べられる口」にすることです。

最近では治療機器が小型になってきたこともあり、自宅や施設にやってくる訪問歯科医が増えてきました。口腔ケアが必要な人には歯科衛生士が訪問することもあります。

歯科の支払いは医療保険ですが、要介護認定を受けている人は介護保険による「居宅療養管理指導」という歯科医による指導・助言のサービスが1回約500円（1割負担の場合。以下同様）で利用できます。

また、口腔ケアが必要な人には歯科衛生士が1回約350円で月4回まで訪問。食事の内容や形状など栄養指導の必要な人は、管理栄養士が1回約530円で月2回まで訪問するサービスを受けられます。これらはいずれも介護保険のサービスです。

歯医者に通院できなくなったり、行くのをいやがるようになっても、こうしたサービスをうまく利用して、お口の健康管理をし続けてください。

49

高齢者の低栄養問題

超高齢の親を遠距離介護する娘としては、親の栄養バランスが気になるところです。加齢とともに、食欲が低下して偏食が多くなり、低栄養になりがちだからです。

高齢者の食生活では次のようなことが起こりやすくなります。①噛む力や飲み込む力が弱くなる、②唾液や消化液の分泌が減る、③腸の動きが弱くなる、④味覚が低下し、味付けの濃いものや甘いものを好むようになり、塩分・糖分の摂取が多くなる。月1度の帰省時には、両親の食事の様子を観察していますが、こうした傾向は年々強くなっているようです。

低栄養になると、からだにはいろんな変化が起こってきます。体重が減り、筋力が衰え足腰が弱くなり、風邪などに感染しやすくなります。生活自立度（ＡＤＬ）が低下し、要介護度が上がることにもつながってきます。ベッドで過ごす時間の多い人は、褥瘡《じょくそう》（床ずれ）ができて治りにくくなったり、寝たきりになってしまうことも少なくありません。

一緒に生活していれば、食事のバランスを考えるのはたやすいのですが、遠距離介護ではなかなかうまくいきません。配食弁当を取ったり、調理した料理を保冷宅配便で送った

パンがお好きなら
フレンチトーストは
どうですか？
栄養もアップするし
食べやすくなりますよ♪
好きなものを
ずっと食べ続けたい

頼りになる在宅の管理栄養士さん

り、レトルトの惣菜を送ったり、いろいろトライしてみましたが、父は好きなものを自分で購入して食べたいと言って、なかなか利用してくれません。そのうちに体重が減って筋力が落ち、フレイル（虚弱）気味になってきました。

わが家には訪問看護師が週1回やってきましたので、帰省をその日に合わせました。そして両親の健康と栄養状態について相談しながら、認知症の母には少量で栄養が確保できる栄養剤補助食品の定期購入をお願いしました。

それに加え、両親が簡単に栄養補給できるよう、食事が摂れないときに利用する濃縮栄養ドリンクを購入することにしました。パンだけで済ませてしまう昼食時に1缶を分け合って飲めば、栄養補給がある程度できるからです。

栄養状態が悪い人や、糖尿病や肝臓病などの生活習慣病や疾患、摂食・嚥下障害のある人は、管理栄養士による栄養指導を介護保険（居宅療養管理指導）と医療保険（在宅患者訪問栄養指導）で月2回まで1回約500円（1割負担の場合）で受けることもできます。医師の指示が必要ですので、医師かケアマネジャーに相談してみてください。

50

高齢者の住み替えの注意点

医療や介護の流れが「病院から在宅へ」「施設から在宅へ」となったことは、何回か取り上げました。

「在宅」というのは「自宅」だけではないとされています。この間の介護保険制度の変化を見ていると、むしろ国は家族の介護力が課題となる自宅よりも、有料老人ホームやサービス付き高齢者住宅（サ高住）への入居を考えているように見えます。高齢者が共に暮らす集合住宅のほうが、ケアがしやすい、というのがその理由です。

高齢者住宅と一口に言っても、いろんな選択肢があります。有料老人ホームやサービス付き高齢者住宅（サ高住）だけではなく、気心合った人たちが共暮らしをする現代版長屋のグループリビングや、シェアハウスのような暮らし方を選ぶ人も出てきました。

部屋は狭くなっても自宅と同じように暮らせるのであれば、住み替えを考えるのもひとつの選択だと思います。でも、高齢者の住み替えにはいくつかの注意点があります。

ひとつ目は、家族が自分たちの都合で選ぶのではなく、本人が「自分の意思で選ぶ」ということです。それには元気なうちに「こういうところなら住み替えてもいい」と思えるところを本人が考えておくことが大切です。

ふたつ目は「自分の残った力を生かせるような暮らし方」を考えること。有料老人ホームで至れり尽くせりのサービスを受けているうちに、認知症になってしまった、という話は珍しくありません。

そして、3つ目は「生活をなるべく変えない」こと。高齢になればなるほど、新しい環境への適応はむずかしくなります。

しばらく音信が途絶えていた70代の知人が、転倒して大腿骨を折って足が不自由になり、おまけに難病が見つかったことで、医療法人の運営する高齢者ホームに入居していたことを知りました。もともとの住まいは都心ですが、いま暮らしているホームは東京の近郊県です。

久々にもらったメールには、「職員から赤ちゃん扱いされるのがつらい」「友人や都会の文化から遠ざかったのがつらい」とありました。

高齢者住宅や施設に住み替えることになっても、自分らしい暮らし方ができたり、住み慣れた地域で、顔なじみの人たちと接することができる場所を選ぶことの大切さを、つくづく感じています。

51

「終の住みか」の準備は早めに

高齢期の生き方を考えるとき、どうしても避けて通れないのが「住まい」の問題です。高齢期は転倒骨折、肺炎などで入院の機会が増えるため、退院後の「住まい方」も課題になります。

入院するとADLが低下したり、認知症が進むことが多いため、家族が「もう自宅生活は無理かも」と考えがちになります。退院を早くさせたいからと、安易に施設を勧める病院も少なくありません。

入院して認知症などが進んだ人でも、自宅に戻ったあとしばらくの間、適切なケアを続ければ、元の状態に回復することは多いものです。

亡くなった認知症の母も10日間ほど検査入院をしたら、その間に認知症が一気に進み、自分の名前を書けなくなったばかりか、退院後「排泄トラブル」などに悩まされたことがあります。しかし、かかりつけ医、訪問看護師、ケアマネジャーの協力で訪問介護の時間を増やし、医療ケアも手厚くしたところ、数か月で入院前の状態に戻りました。

我が家では、ひとり娘の私は東京、高齢の両親は田舎に住んでいるため、いわゆる「家族の介護力」はありません。それでもケアの態勢を整えることで、何とか危機を乗り越えてきました。実家の近くに医療ニーズのある人の自宅生活を支える看護小規模多機能ホームなど、体調の不安定な人が安心してショートステイできる場所があれば、母の在宅生活はさらに心強くなることでしょう。

高齢者にとっていちばん大切なのは、「自分の居場所」としての住まいです。その意味では私の両親は自分たち自身で、年齢や健康状態に合わせながら自宅のリフォームを続けてきました。私の役割は両親がその家でできるだけ長く暮らし、できたら自宅で安らかな看取りができるよう、生活やケアの環境を整えていくことです。

年を取ったら高齢者住宅や施設へと、「住み替え」を考える人も多いと思います。そんな場合も自分が「こういうところなら、ずっと安心して暮らせそう」という高齢者住宅や施設を、元気なうちに時間をかけて見学するなど、いざとなったときにあわてないよう「終の住みか」を視野に入れた早めの準備が大切です。

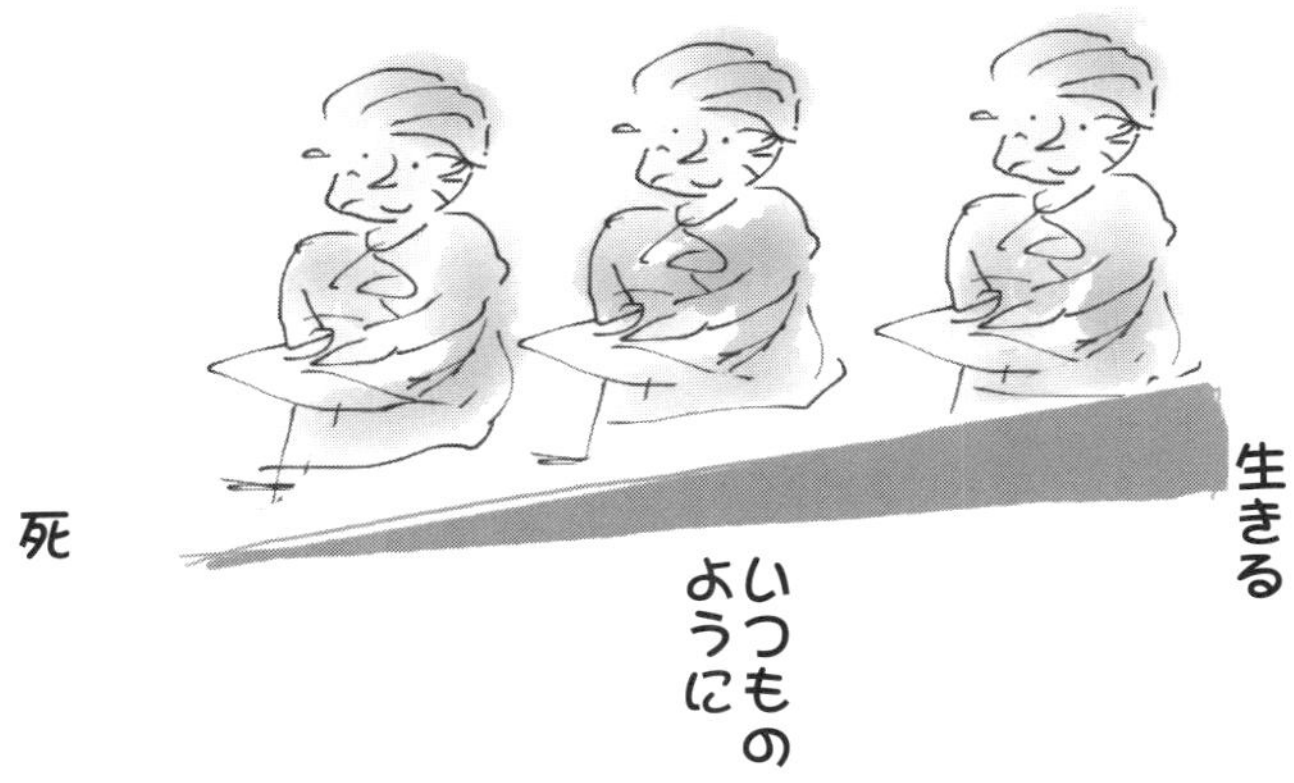

52

介護離職はしない

親の介護をきっかけに離職をしてしまった人が、私の周囲には少なくありません。両親の介護が突然やってきて30代半ばで仕事を辞め、60歳を間近に「この年齢では再就職もきびしいし、年金もほとんどない。介護を終えてもこれからどう生きていけばいいのか」という不安を抱えている知人も何人かいます。

働きながら介護をしている人は、いま240万人いるそうで、うち介護離職をした人は10万人、離職予備軍は42万人といわれています。離職した人の5割近くは、介護を始めてから1年以内で仕事との両立を断念しています。

実際に介護離職をした人に話を聞いたり、アンケートデータを調べてみると、「介護サービスや制度の利用の仕方を知らなかった」という人が多いことにびっくりします。もちろん、「会社の仕事との両立がむずかしかった」「遠距離介護の限界を感じた」など、介護に対する会社の理解がないことや、休暇が取りにくいなど、日本の企業が抱える問題もあります。

しかし、相談する人もなくひとりで抱え込んでしまった結果、「時間がない」「ほかに介護する人がいない」「心身ともに疲れ果てる」という負のスパイラルに落ち込むことが、介護離職につながっています。

ただでさえ、介護は難題の連続です。ひとつ解決したと思っても次の難題が出てくるので、介護保険サービスの利用法を知らず、相談する人もいないのでは、羅針盤のない小舟で船出をし、暴風雨に巻き込まれたと同じことになってしまいます。

介護離職しても情報やサービスや支援者を味方につけ、介護と新しい仕事との両立をしている人もいますが、そのまま親の年金に頼って介護に追われ「あのとき、仕事を辞めなかったら」と後悔している人も少なくありません。

私の若い友人で、介護離職をきっかけに介護者の集まりを始め、企業と共に離職防止を考える「ワーク&ケアバランス研究所」を立ち上げた和氣美枝さんは、著書『介護離職しない、させない』（毎日新聞出版）の中でこう書いています。

「介護の準備は2つだけで十分です。（中略）①介護保険、介護サービスの概要または存在を知っておいてください。②相談先を知っておいてください。」

ここに友人、知人、隣人、など「身近で助けてくれる人をつくっておく」が入れば、介護離職しないでもいい人がさらに増えるはずです。

53

遠距離介護で挫折しないコツ

「大変」という言葉だけがひとり歩きしているような「介護」。でも、それを通じて得られることもたくさんあります。私が認知症になった友人の介護からもらった大きなギフトのひとつは、地方の実家に暮らす両親の老いや介護を、早めに考えることができるようになったことでした。

まず気になったのは、当時すでに80代だった両親が「いつまで元気にいられるか」ということ、2番目は「介護が必要になる前に何を準備したらいいのか」ということです。そこで、それまで盆暮れだけだった帰省を少し増やし、両親の健康状態への目配りをしたり、終末期への意向をそれとなく聞くことを心がけました。

それまで両親の寝室は2階にありましたが、母が夜中に階下に降りてトイレに行くのがつらくなったと聞き、客間を改造して寝室を下にし、ベッドを入れることを提案しました。「最期まで在宅」を希望する父は、トイレとキッチンを先にリフォームしていたので、これで両親の「終の住みか」の準備もなんとなくできました。

そして、母が腰痛で家事が困難になったのを機に、要介護認定申請を試みることにしました。母のかかりつけ医とも初めて面談し、直接、連絡を取り合えるようお願いしました。「往診をしてくれる」と聞いていたかかりつけ医が、実は24時間365日対応の訪問診療をしているということも知りました。

このときの認定は「要支援1」で、結局、介護サービスは1度も使いませんでしたが、両親を取り巻く医療と介護の状況を知ったことで、問題が起こったときの心の準備もできました。

いつかやってくるだろう、と考えていた「遠距離介護」が始まったのは、4年半前のことです。もの忘れが気がかりだった母に認知症の診断が下り、1か月に1度、90代になった両親の元に通うことになりました。母の介護チームも即、スタートしました。

わが家では両親がスマホやパソコンを使えないのが残念ですが、LINE、Skype、Facebook などを使えば、親と顔の見えるやりとりができます。その代わりに入れたのがファックス付き電話機です。父は耳が遠いので、電話での会話が大変でした。ファックスならば読むことができるので、情報が正確に伝わります。

遠距離介護も情報戦。将来をイメージし、心づもりをしておけば、いざとなったときにあわてふためくことが少なくなるでしょう。

54

病気や介護を「自分ごと」として考える

私がこれまで書いてきたことを考えるきっかけになったのは、そろそろ13年目になるおひとりさまの友人の介護です。その介護経験と、地域で始めた医療・介護講座を開く活動を通じて、私は本当にたくさんのことを学びました。

そのひとつは、医療と介護がチームを組めば、おひとりさまでも「最期まで在宅」は可能だということ。これに知人、隣人、地域の人の支援があれば、認知症のおひとりさまでも、相当なところまで自宅で暮らすことができます。

医師や看護師などに依頼して同行させてもらった訪問診療の現場では、そうした例をいくつも見せてもらいました。

もうひとつは、誰でも病気や要介護状態になる可能性があることです。老いは誰にもやってきます。今は「元気老人」でも、「病気老人」の予備軍だという当事者意識を持ち、医療や介護を「自分ごと」としてとらえることが大切だということでした。

認知症になるとできないことがだんだん増えていきますが、「自分もそうなるかもしれない」と考えれば、接し方も変わってきます。「自分ごと」としてわが身に引き寄せると、

「私だったら、こんなふうに言われたくない」「こんなふうに扱われたくない」ということが見えてくるでしょう。

そうやって介護家族や住民が本人の状態を理解しながら「自分力」をつけ、医療や介護の専門職と一緒にケアのあり方を考えていかないと、これからの高齢社会には立ち向かっていけない、と考えるようになりました。

行政に「おまかせ」するのではなく、どうしたら「安心して生まれ」、「安心して暮らし」、「自分らしいケア」を受け、「安心して死ねる」まちをつくっていけるのかを、私たち自身が真剣に考えていくことを迫られている時代です。

地域での人と人とのつながりはこれから、ますます大切になってきます。大げさに言えば、日本の未来は「住民力」「地域力」にかかっています。地域のさまざまな人の資源を見つけ、医療・介護・福祉、そして私たち自身の支え合いへとつなげていく……。

まずは地域の居場所のような、小さな「点」づくりからです。それをネットワークし、地域まるごとでケアを支えるまちのモデルを、それぞれの地域でつくっていってほしいと思います。

55

まずは地域の「居場所」づくりから

高齢者が気軽に集うことができる「地域の居場所」づくりをする人たちが増えています。空き店舗や空き家を活用してコミュニティカフェを開く人、個人のお宅の一部を開放して高齢者のたまり場をつくる人、デイホームや高齢者住宅の地域交流スペースで「認知症カフェ」や「オレンジカフェ」を開く人……。最近では「子ども食堂」をやりたいという気運が高まり、子どもだけではなく高齢者も含めた多世代が集まる「居場所」をつくっている人たちもいます。

こうした動きが目につくようになったのは1990年代の後半から。「地域の縁側」「集い場」などの名称で全国に広がってきました。介護保険制度が始まり、要支援や要介護認定を取った人はデイホームなどを利用するようになりましたが、介護家族やまだまだ元気な人、デイホームに行きたくない人などが、ご近所で気軽に集い、いろんな話ができる場所がほしいね、ということで、人々がつくってきたのが「地域の居場所」です。

2000年のはじめには『コミュニティ・カフェをつくろう！』（WAC編　学陽書房）という本が出て、居場所づくりは一気に広がりました。お茶だけ飲んでおしゃべりすると

ころもありますし、お昼を用意したり、地域づくりにつながるおしゃれなお店や多目的スペースを運営したりしているところもあります。「認知症カフェ」や「暮らしの保健室」のように、介護の相談や医療・健康相談の役割をしているところなど、本当にさまざまな「人と人がつながる場所」ができています。

地方には「血縁・地縁」に根ざしたコミュニティがまだまだ残されていますが、都会にはそれが希薄です。かわってあるのが「知縁・好縁」（知り合うこと、好きなものでつながる縁）。そして、これからさらに高齢化が進んでいく日本で、高齢化の問題が深刻になるのは地方ではなく都会です。

ひとり暮らしや老々夫婦がますます増えていく中で、「知縁・好縁」をつくることができる「地域の居場所」づくり。そして、その「居場所」をゆるやかにネットワークしていくことで、「安心して生まれ・暮らし・死ねるまち」は一歩ずつ近づいてくるのだと、私は信じています。

自分らしい「終活」のための10か条

「介護はある日突然、やってくる」……。1度はどこかで聞いたことのあるフレーズでしょう。でも、多くの人は両親に、伴侶に、さらに自分自身に、突然「その日」がやって来るまで、〝介護〟を自分の問題としては考えません。

私自身も14年前、友人の介護という予期せぬことが飛び込んでくるまでは、老後のことも介護のこともまったく考えていませんでした。仕事を楽しみ、人生を楽しむ、50代半ばの気楽なおひとりさま……。それが当時の私でした。

そのころは80代はじめだった両親もまだまだ元気。私自身も職業病の腰痛以外、医者にかかったことがないという健康体。がんなどであまりにも早い死を迎える友人はいたけれど、「老後」は、ときおり〝チン〟と鳴って首筋を冷たく震わせる、冷や汗程度のものでした。

そんなとき、15歳年上の親しい女友だちが認知症になりました。おひとりさまで親しい身寄りがいなかったことから、心細がる彼女を手伝っているうちにどんどん巻き込まれ、介護のキーパーソンばかりか、後見人までも引き受ける羽目になりました。

介護の過程で、私自身の老後や両親の介護について真剣に考えるようになり、医療や介護について、介護家族・当事者予備軍としての視点で書くようになりました。

さらに、「家にいたい」という友人の希望を実現するためには、地域のことを知る必要があると思うようになり、立ち上がったばかりの市民・住民活動の会に2008年に参加しました。「医療や介護をよくするには、それを利用する側である住民自身が学ばないとね」とメンバーと話し合い、住民の視点で「最期まで在宅」を考える講座活動をスタートしました。

2014年には、「ケア」をキーワードに地域をネットワークしていこうと、住民・介護家族、医療・介護専門職などの多職種が一緒になってさまざまな〝実践〟をする、「ケアコミュニティ せたカフェ」を立ち上げました。その実践の第1号が「認知症カフェ」、第2号が「介護家族のための実践介護講座」です。

そんな中で書き続けてきた私の〝おひとりさまシリーズ〟も、2015年に出版された『おひとりさまの終の住みか』で5冊目になりました。

在宅医療を扱った『おひとりさまでも最期まで在宅』(2013年)での取材以来、訪問診療医や看護師に同行し、200軒近くのお宅を回ったのは、私にとって大きな出来事でした。

家族に支えられながら幸せな介護を受ける人もいれば、ゴミ屋敷状態の中で暮らす老々夫婦もいました。いつの間にか認知症の人が認知症の人を介護する「認々介護」になりつつあるご夫婦や、糖尿病が悪化してマンションの5階から降りられなくなってしまった方もいました。

「自分の部屋で死にたい」と在宅支援チームをつくって最期のときを待つ、末期がんのおひとりさまにも会い、老いや死に向かうさまざまな「住まい方」を見ながら、人生の「しまい方」について深く考えさせられました。

認知症の友人の自宅生活を支える中で、高齢者住宅や施設への「住み替え」の課題も出てきたため、その現状も学ばせてもらいました。そこで『おひとりさまの終の住みか』では、前作で書くことができなかった「高齢期の住まい」について、選択肢を詳しく紹介しながら水先案内をしてみようと思いました。

いま、「病院から在宅」への流れの中で、高齢期の「住まい」と「死に場所」が大きな問題となっています。増え続ける利用者負担、やせ細りゆく社会保障制度、そして、効率化の進む医療・介護。

こうした中で高齢期を迎える私たちは、どうしたら自分らしく暮らせる「ケア」を受け、「安心して死ねる」場所をつくっていくことができるのか……。

年齢を重ねるごとに増えてくるのが、人生、何が起こるかわからない、ということです。そして、年を取れば取るほど、不確定要素は増えてきます。そこで大切になってくるのが、ある日突然、予想しないことが起こっても慌てないための「備え」です。

その「備え」を考えるために書いたのが『おひとりさまの終活』（２０１１年）でした。このときはブームの始まりだった「終活」ですが、そこで「終活」とされていたのは、遺言を書いたり、自分の葬儀やお墓のことなどを事前に決めておくといった、自分が死んだあとに向けての準備活動ばかり。しかし、「待てよ」と私は思いました。それが人生の本当の「終活」なのだろうか……と。

そんな死後のことより大切なのは、「そこそこ、いい人生だった」と納得して旅立てるよう、できるだけたっぷり生きること。そして、生きている今の時間を充実させ、人生の仕上げをしていく。それが本当の人生の終活なんじゃないかと……。

そうした視点で、これからの老年期、誰にでもやってくるケアを中心に「自分らしい老後と最期の準備」についてまとめ、この数年間、全国でお伝えしています。

ひとつずつについてはご存じのことも多いと思いますが、「自分らしい終活のための10か条」のような形でまとめてみると、準備すべきことがクリアに見えてくるのではないでしょうか。

その1 自分のからだを知る

「老後の備えでいちばん大切なものは?」とお聞きすると、多くの人が「健康」と答えます。高齢者の三大不安は「健康」「お金」「孤独」です。

若いころは健康自慢でも、50歳を過ぎると、腰や膝が痛い、抵抗力が落ちる、血圧が上がるなど、だんだんその「健康」に自信がなくなってきます。

老年期の病気の特徴は「同時多発」。加齢とともに多くの臓器の機能が低下するために、ひとりで数多くの病気を持つことが多くなるので、若いころとは考え方を少しあらためる必要があります。

「病気老人」にならないためには、当たり前のことですが健康なからだを保つこと。高齢期の備えのスタートは、自分の体調の基本をちゃんと知っておくことから始まります。

年に1度の健康診断はたいていの人が受けていますが、講演の際に聞いてみると、参加者の中心が60~70代にもかかわらず、半数以上が血圧測定していない会場が少なくありません。「押し入れで血圧計が眠っている方」と聞くと、必ず何人かがおずおずと手を挙げます。実は「押し入れで眠っているもの」のランキング上位は血圧計なのです。

血圧は毎日測ることが大切です。ちなみに日本高血圧学会が出している「目標値」は、前期高齢者（65〜74歳）では140／90mmHg、後期高齢者（75歳以上）では150／90mmHg。80以上の脈拍が長く続くときも要注意です。

血圧と一緒に、自分の体調のいいときに測っておいていただきたいのが体温と体重です。というのは、平熱は人によって差があり、加齢とともに体温が下がる人がいるからです。原因は年をとると運動機能や身体の生理機能が衰えてくることと関係があると言われ、平熱はふつう36度台ですが、高齢者では35度台の人も少なくありません。

36度台の人の微熱は37度です。ところが35度台の人だと36度台でも「微熱」になり、37度台では「高熱」です。ですから、自分の平熱を知っておくことは、高齢期にはとくに大切になってきます。

体重も健康のバロメーターです。加齢とともに太り気味になるのは、女性に共通した悩み。しかし、心配なのはダイエットもしていないのに、体重が減少しているときです。がんなどの重大な病気が隠されているかも知れないので、体重が急激に減ってきたときには注意したいものです。

そして、朝起きたとき、歯磨きをしながら鏡を見ると、そこでもいろんなものが見えてきます。肌の状態や顔色はどうか、歯茎の色や状態は？　貧血になっていないか、舌の色はどうか……。下まぶたをめくってみると、貧血の可能性がわかります。通常はピンクがかっている下まぶたの裏の色が白っぽくなっていたら要注意です。

また、舌の色も体調によって変わってきます。舌の表面にはうっすらとした白いコケがありますが、これがいつもより厚いと「胃が疲れている」ことが多く、舌が普段より紫がかっていたり、濃い赤色になっている場合は、「血液の循環が悪い」可能性があるといわれています。

舌の端に歯形がついているときは、ビールの飲み過ぎなどで体内に水分が溜まっているときで、「体調不良やだるさ」の原因になったりします。

さらに、トイレに行けば、便や尿の状態もわかります。よく寝られているか、食欲はどうか、といったことも、できるだけ自分で日常的にチェックしたいものです。

そんなふうに、ふだんの体調のチェックを習慣づけておけば、「あれ？」と思ったときに、本やインターネットなどで調べ、「これは、やっぱり病院に行ったほうがいいかな」という判断ができますし、なによりも病院でお医者さんに説明するときに役立ちます。ただ、インターネットの医療や健康情報は玉石混交なので、学会や公的機関などの信頼できるサイトを見つけることが大切です。

２０１７年に１０５歳で亡くなった日野原重明先生が92歳と96歳のとき、２冊の本づくりをお手伝いしたことがありますが、先生は「患者が語らないと医療の扉は開かない」ということを、よくおっしゃっていました。

その心はと言うと、私たちが受け身の患者のままでいるのではなく、自分の症状をきちんと説明し、お医者さんとのコミュニケーションを取りながら治療を受けることのできる患者になること。つまり、「患者力」が大切だということです。

そして先生は、ただ「胸が痛いんです」と訴えるのではなく、どんな状態のときに痛いのか、どういう痛みなのか、ほかに病気はあるのか、どんな薬を飲んでいるのか、といったことを患者さんが教えてくれれば、診断が早く的確にできると教えてくれました。

ですから、「自分のからだの声に耳を傾ける」。からだはちゃんと「おかしいぞ」と教えてくれますから、まずは普段の自分のからだの調子を知る。そして「変だな」と感じたら調べ、かかりつけ医に相談する、といった流れを自分でつくっておきたいものです。

その2 かかりつけ医をもつ

国や医師会が「かかりつけ医をもちましょう」と提唱してきたことで、かかりつけ医をもつ人が増えてきました。かかりつけ医というのは、病気になったときにまっ先に相談できる地域のお医者さんのこと。

日本医師会の調査によると、40歳以上の6割以上が「かかりつけ医をもっている」と答えています。とはいえ、離れた中小病院や大病院の医師を「かかりつけ医」とする人も多く、2人以上の「かかりつけ医」をもつ人も少なくありません。

若い人の病気とちがって、高齢者の多くが抱えるのは慢性病。しかも、年を取るにつれてドミノ倒しのように、いろんなところが悪くなっていきます。

ですから、若いときのようなパーツごとの専門医ではなく、「からだまるごと」で診ながら、必要なときには適切な専門医につないでもらえる家庭医（かかりつけ医）が必要となってきます。

日ごろからからだの状態を診てくれている医師がいれば、認知症の兆候が出たときにも、まっ先に気づいてくれるかもしれません。前述のように私の母の認知症を発見してくれたのも、母のかかりつけ医でした。

母はC型肝炎の持病があるので、静脈注射を打つために毎週通院しています。ところが、予約を忘れることが何回か重なりました。そこで、疑問に思ったかかりつけ医が簡単な認知症のテストをしたところ、認知症レベルの点数でした。「もう少し詳しい検査をしていいですか？」と連絡があったので、専門機関での検査をお願いしたところ、アルツハイマー病の診断が出ました。

要介護認定を取るときや、更新するときには「主治医の意見書」が必要です。ふだんからからだの状態を診てくれているかかりつけ医がいれば、正確に意見を書いてくれるので安心ですが、かかりつけ医がいないときには、役所が医師を紹介することになります。

そうなると医師はふだんの様子を知らないので、実情とかけ離れた意見書を書いてしまうこともあります。実際、そのために要介護認定が低く評価されてしまったケースも少なくありません。

さらに「最期まで在宅」を望む人は看取りのそのときまで、親身になって看護師と協力し、できれば往診してくれる、かかりつけ医師の存在は欠かせません。そして最後に亡くなったとき……。

かかりつけ医がいないと死亡診断書が書けないので、警察を呼んで検死を受けることになります。

いいかかりつけ医をもつ、ということは、年齢を重ねれば重ねるほど重要なものになってきます。

２０１６年4月からは、緊急でやむを得ない場合を除き、大病院（特定機能病院・一般病床５００床以上の地域医療支援病院）で、かかりつけ医の紹介状なしで初診を受ける場合は５０００円（歯科の場合は３０００円）以上を支払わなければならなくなりました。

そして、他の病院・診療所への紹介を受けたにもかかわらず、再度同じ大病院を受診する場合は２５００円（歯科の場合は１５００円）以上の特別の料金を、診察料とは別に支払うことになります。その意味でも、必要なとき必要な専門医のいる大病院を紹介してくれるかかりつけ医の存在は、ますます重みをもってきました。

かかりつけ医には、どんな医師がいいのか。そのポイントを4つあげてみました。

（1）遠くの大病院よりも近くの診療所で。

患者がかかりつけ医に期待するのは、ふだんから患者の健康や病気の状態を把握し、精密検査や入院が必要になったら、いい専門医のいる病院に紹介してくれることです。日常的な変化を診てもらうには、やはり名医のいる遠くの病院よりも近くの診療所です。

高齢者の場合は、内科医で認知症をはじめ医療を総合的に勉強している医師、できれば往診などをしてくれる医師を、かかりつけ医にすることをお勧めします。

（2）相性のいいドクターを選ぶ。

かかりつけ医は「何でも気軽に話せる」ことが大切です。医者と患者は人間同士ですから、やはり相性がいい、悪いがあります。この相性は第一印象では判断しにくいので、何度か通院してみるといいでしょう。

（3）わかりやすい言葉で説明してくれる医師。

これもとても大切です。医療のことはとてもわかりにくいので、わかりやすい言葉で説明してくれなくては困ります。

（4）新しい医療を勉強している医師。

医療は日進月歩ですから、やはり、お医者さんには勉強をしていてほしい。そういう意味では、いくら相性がよくても、時代遅れの知識しかもっていないお年寄りの先生よりも、私だったら50代の先生を選びたい。自分よりも先に死んでしまわれても困ります。

かかりつけ医と親しく話ができるようになったら、冗談めかして、「先生、通院できなくなったら、往診をしていただけますか」「いざとなったら、看取りをしていただけますか」と聞いてみるのもいいでしょう。その医師のことがさらによくわかるのではないかと思います。

その3 介護保険を知る

高齢期の準備として、知っておきたいことのひとつが介護保険のこと。介護はある日突然やってきます。介護保険を利用する流れくらいは知っておきましょう。

多くの人は医療や介護については、自分に必要なときがやってくるまで考えないものです。60歳を超えていても、自分の介護のことなんて考えたことがない、という人もいます。でも、そのときになってからでは間に合いません。介護や医療、自分のケアについては、元気なうちに考えておきたいものです。

多くの介護家族と同じように、私も介護ではたくさんの苦労をしました。そのひとつが必要な情報を入手することの困難さです。「どこにどんな支援があるのかわからない」「どこに医療の相談に行ったらいいのかわからない」「認知症という病気がわからない」「どうしたら少しでも長く自宅生活を続けることができるのかわからない」……。

介護家族が悩み苦しみ、ときには間違った介護を続けてしまうのは、こうした情報がなかなか手に入らないからです。最近では逆に情報が多すぎて混乱する、という悩みも出てきました。とくに認知症の場合はできるだけ早く診断を受け、要介護認定を取って介護保険サービスの利用を開始するほうがいい場合が多いのですが、本人が「私にはまだ介護は必要ない」とか「病院になんて行きたくない」と言うので手をこまねいていると、悪化してしまうことも少なくありません。

介護のことがふと気になったら、市役所や区役所の介護担当窓口や地域包括支援センター・在宅介護支援センターに介護保険制度についてのパンフレットがあるので、それをもらってきて、目を通しておくといいでしょう。

地域包括支援センターや在宅介護支援センターというのは、相談を含めた高齢者に関するワンストップサービスです。介護予防のためのさまざまなプログラムもありますので、どんなことをしているのか、一度、覗きに行ってみるといいと思います。

介護保険の財源は国と自治体が半分、介護保険が半分ですが、その財源は私たちが払う税金と介護保険料からまかなわれています。そして、介護保険サービスを受ける人が1割から2割（2018年8月からは3割負担も）を支払い、残りの8割から9割は公費と介護保険から払われることになります。

介護保険のサービスを受けられるのは65歳以上が基本ですが、40歳以上で16種類の特定疾患（末期がん、筋萎縮性側索硬化症、認知症、脊柱管狭窄症、パーキンソン病、関節リウマチなどの病気）にかかった人は介護保険のサービスが受けられます。

介護保険サービスは「要介護認定申請」をして、要支援1・2、要介護1~5の7段階の認定を受けないと利用することができません。申請する場所は、もよりの自治体の区役所、市役所の介護保険課か、前出の地域包括支援センターや在宅介護支援センターです。本人が申請できない場合は、家族や代理人がすることもできます。

申請後、数日すると市区町村の職員や委託されたケアマネジャーが自宅を訪問し、聞き取り調査（認定調査）が行われます。また、市区町村からの依頼で、かかりつけ医が本人の心身の状況について意見書（主治医意見書）を作成します。

この聞き取り調査はコンピュータに入力され、全国一律の判定方法で要介護度の判定が行われます（一次判定）。そして、この一次判定の結果と主治医意見書に基づき、介護認定審査会による要介護度の判定が行われます（二次判定）。増え続ける高齢者に対して国が払う介護費を減らすため、最近は判定が厳しくなっています。

認定調査時には、家族などが必ず立ち会うようにし、身だしなみを整えたり、部屋を片付けたりしないでください。あくまでも普段の状態を見てもらう。そして、調査が終わったらドアの外などで調査員に実情を伝えたり、メモを渡して「特記事項」として書いてもらうことが必要です。「特記事項」と「主治医意見書」がしっかりしていれば、判定の好材料になります。

要介護度の判定が出たら、ケアマネジャーを探します。ケアマネジャーの主な仕事は次のようなもので、利用者負担は今のところありません。

①利用者の希望を確認しながら、ケアプラン（介護サービス計画）を作成する
②介護を必要とする人や家族の相談に応じ、アドバイスをする
③サービス提供事業者への連絡や手配などを行い、介護認定の申請や更新の手続きの代行や適切な病院、施設選びを手伝う

要支援の人は原則として「地域包括支援センター」のケアマネジャーの担当となりますが、自分で選んだ人に頼むこともできます。要介護の人は自分で選んだ「居宅介護支援事業所」のケアマネジャーが担当します。

役所や地域包括支援センターではケアマネジャーのリストは提供しますが、紹介はしません。とはいえ、ケアマネジャー探しのコツはいくつかあります。介護をしている近所の人に聞くなど、日ごろからリサーチしたり、介護をしている近隣の居宅介護支援事業所をいくつか直接訪ねてみましょう（13ページ参照）。

ケアマネジャーは相性もあるので、コミュニケーションがうまくいかなかったり、期待通りの仕事をしてくれなければ、替えてもかまいません。

介護がうまくいくかどうかは、ケアマネジャー次第。長い介護の日々を家族と一緒に歩いてくれる人を探したいものです。

その4 行政のサービスを活用する

行政のサービスにはどんなものがあるのか、ということも知っておきたいものです。というのは、介護保険のサービス、介護保険外のサービス、医療や介護の費用を安くする制度、収入の低い人に対する助成制度など、行政にはいろんな支援の制度がありますが、日本ではすべてが申請主義で、どんなサービスも申請をしないと受けられないからです。とくにこれからは、増大する医療費・介護費を削減するために、介護保険や医療保険サービスがやせ細ってきます。だからこそ、しくみを知って制度を賢く使う方法を、私たち自身が考えていくことが大切です。

まずは、介護保険サービスで受けられるサービスと、受けられないサービスを知っておきましょう。介護保険で受けられないのは、以下のサービスです。

●ペットの世話　●来客への対応（お茶や食事の手配など）●留守番　●散歩　●草むしりや花木の手入れ　●自家用車の洗車や清掃　●家族等の利用者以外のための家事（家族全員分の食事の準備、洗濯、買い物、掃除など）●大掃除　●家具や電気器具などの移動や修繕　●室内外の家屋の修理　●医療行為　●正月、節句等のために特別な手間をか

けて行う調理
こうした生活援助が必要な場合は自費になりますし、所定の回数などを超えたり、時間を延長したりした場合も自費となります。さらに通院の付き添いでは、待ち時間と診察時間は自費となりますし、「話し相手になる」「一緒に散歩に行く」なども、原則としてできないことになっています。ただし、歩行が不自由で介助が必要など、「ヘルパーの同行が必要」とケアプランに記されている場合、散歩はOKとなります。

買い物についても、「途中で買い物をする」といったイレギュラーな依頼は、原則できません。「郵便物を出す」「銀行でお金をおろす」などの代行サービスも、原則としてできないなど、介護保険サービスには多くの制限があります。

同居家族のいる人は生活援助を受けられない、とする自治体が増えていますが、今後、さらに介護保険での「生活援助」の枠は狭まってきます。担当のケアマネジャーと相談しながら必要なサービスを考え、場合によっては、利用している介護事業所や有償ボランティアなどによる自費でのサービスを取り入れるようにします。

在宅での介護保険サービスには、福祉用具費（年間10万円まで）、住宅改修費（1件につき20万円まで）もあります。また、要介護1以上の人は、介護保険による「居宅療養管理指導」という療養上の管理や指導、往診、助言などを利用できるサービスも受けられます。このサービスでは、医師、歯科医師、看護師のほか、薬剤師、歯科衛生士、管理栄養士から1回500円程度（1割負担の場合）で、月2回（医師、歯科医師、管理栄養士、病院薬剤師）と4回（薬局薬剤師、歯科衛生士）の訪問を受けることができます。看護師の場合はサービス開始から6か月間に限り、2回までのサービスを受けることができます。

医療ケアで困ったことが出てきたらケアマネジャーに連絡し、医師の同意を得たうえで利用する本人に合ったケアプランを一緒に考えましょう。

さらに各自治体には独自の高齢者への支援サービスがあります。お弁当の配食、通院の送迎、外出時の付き添い、紙おむつの支給や購入補助、寝具の丸洗いや乾燥、出張理美容など、自治体から補助が出るものがありますので、もよりの自治体のホームページなどでどんなサービスがあるのかを調べ、ケアマネジャーや介護保険担当窓口、地域包括支援センターの窓口で相談するといいでしょう。自治体によって内容は異なりますが、以下のようなサービスを設けているところが多いようです。

●市町村による介護予防サービス

筋力トレーニング、認知症予防支援、栄養改善、うつ病予防支援、口腔機能向上、閉じこもり予防・支援

●市町村による高齢者福祉サービス

家事サポート、ショートステイ、配食、福祉用具貸し出し、デイサービス移送、日常生活用具給付（電磁調理器、火災報知器など）、日常生活自立支援（金銭管理など）

医療に高額療養費制度があるように、介護保険の利用料も、収入によって利用料を少なくする「高額介護サービス費」という、支払いの上限を設けた制度があります。また、在宅で療養する人のなかで、からだに障害があったり寝たきり状態になった人は、「重度心身障害者医療費助成制度」による助成を、認知症になった人は「自立支援医療制度」による助成を受けることができます。ただし、いずれも専門医の診断が必要です。

自費でのサービスが必要となったら、シルバー人材センターの「ささえあいサービス」や、社会福祉協議会の「ふれあいサービス」、あるいは地域のＮＰＯなどが行っている生活支援サービスなど、比較的料金の安い有償ボランティアサービスを利用することから始めてみるといいでしょう。社会福祉協議会にはお金の出し入れに不安が出てきた高齢者・障害者を支援する「日常生活自立支援事業」もあります。こうしたサービスは、要介護認定を受けていない人でも利用することができます。

そのほか、暮らしのなかの問題や住まいについて相談をしたいときもあるでしょう。行政にはホームページやパンフレットなどがありますが、市区町村の広報誌はサービスを知るための宝の山です。情報を知ったり、困りごとを相談することを習慣にしていれば、こういうときにはこういう方法があるのかと、皆さん自身の底力も次第についてきます。「介護は情報戦だ」と言った人がいました。情報を味方につけて、老後も介護もゆるやかに乗り切ってください。

その5 遺言や事前指示書を書いておく

エンディングノートを書く人が増えてきました。それに伴い、遺言を残すことへの関心も高まっているようです。遺言というのは、残った家族にトラブルを残さないための大切な方法です。とはいえ、いろんな調査を見ても、遺言を「書きたい」と思っている人は多いのですが、実際に書いている人は、ごくわずかです。

テレビドラマや小説とは違って、遺産をめぐってトラブルが多いのは、実際にはお金もちではありません。家庭裁判所のデータを見ると、持ち家とわずかな預貯金しかない家族のほうがトラブルは多く、100万円単位どころか数十万円単位で家族がもめるケースもあると聞きます。

両親の一方が亡くなったとき、相続人の「第一順位」となるのは配偶者と子どもたち。相続の配分は配偶者が半分、子どもたちが残りの半分です。ところが、家とわずかな預貯金しかない場合、家の売買をめぐって争いが起こり、話し合いさえできなくなることが起こります。家庭裁判所に持ち込まれるケースのほとんどは、こうした少額の遺産をめぐるトラブルだそうです。

介護をめぐって、きょうだい間の関係がこじれるケースも少なくありません。遺産を分けるルールはいちおう決まっていますが、亡くなった親を介護したり、家業で親の財産を増やしたりするなど、特別の貢献をした相続人は、相続分に「寄与分」を加えてもらうことができることになっています。

ところが介護に関しては、この寄与分が実際にはなかなか認められません。しかも、介護をひとりに押し付けたきょうだいが、当然のように均等の財産分割を主張する、となったら、トラブルの始まりです。

それに備えるためには、介護を受けた親に、余分に遺贈する金額などを具体的に記入した遺言書を書いてもらい公正証書にしておけば、介護でがんばった子どもがむくわれます。

最近は「嫁の介護」は少なくなってきましたが、それでも義父母の介護をする人はいます。子どもたちと違って、嫁はどんなに親身になって介護をしても、相続人ではないので財産はもらえません。そんなときにも、嫁への財産分与を含めた遺言があれば、お礼の気持ちを表すことができます。

さらに、子どものいない夫婦の一方……とくに家や預貯金の名義人である夫が亡くなった場合、残った妻がトラブルに見舞われることがあります。というのは、子どものいない夫婦の一方が亡くなったときの相続人は、配偶者と亡くなった夫や妻のきょうだいで、配偶者が4分の3、きょうだいが4分の1です。

預貯金が財産分与できるほどあれば問題はないのですが、住んでいる家しかないのに夫のきょうだいが財産分割を要求してくると、妻が家を追い出されてしまうことも起こりかねません。

それに備えるためには、「全財産を妻に相続させる」という遺言を、夫が書いておく必要があるでしょう。遺言があっても相続人に保証されている「遺留分」がきょうだいにはありませんので、財産はすべて妻に行くことになり、家に住み続けることができます。

そして、相続人のいないおひとりさまの場合。遺言がないと財産はすべて国のものになってしまうか、まったく知らなくても遠い親戚がいた場合は、その人のものになってしまいます。ですから、寄付をしたい、特定の人にあげたい、という意思があったら、ちゃんと遺言を書いておくことをお勧めします。

遺言については、自筆遺言と公正証書遺言のふたつがあり、どちらも一長一短で長所と短所が反比例します。「自筆遺言」のほうは、遺言と日時と自分の名前を書いて、ハンコを押せばいい、ときわめて簡単です。しかし、「手書き」（パソコンはダメ）、「加筆・削除・訂正をしたときは、その部分を示して署名捺印をする」など作成方法は厳格で、遺言者が亡くなったあと、家庭裁判所に認めてもらわないと、遺言が実現できません。偽造、改ざんの恐れがないとは言えないからです。

一方、法律の専門家が勧めるのは、公正証書遺言です。公証人という法律の専門家が証人の立ち会いのもとで作成し、作成した公証役場に原本が保管されるので、紛失、改ざん、盗難などの心配がないからです。裁判所の検認も必要とされませんが、費用が多少かかります。とはいえ、100万円以下なら5000円、1億円以下なら4万3000円、手数料が1万1000円ですから、そう高いとは言えないでしょう。

私がお勧めしているのは、明日、事故で亡くなるという可能性がないとは限りませんから、いまの気持ちを自筆遺言にしておくことです。気持ちは変わることもあるので、自分の意思がしっかり決まったら、公正証書遺言にする。

NHKのラジオでご一緒した落合恵子さんは、毎年、書初め代わりに遺言を書く、とおっしゃっていました。「縁起でもない」と言われることもあるそうですが、落合さんにとっては「年の初めの所信表明」。親しい人へのメッセージも付け加えているそうです。「書いても書かなくてもトラブルの元となる」と言われている遺言ですが、お金のある人もない人も、あとを濁さず旅立つためには、自分の遺言や「こうしてほしい」というリクエストを書いて、自分の意思を伝えることが大切だと思います。

樹木希林さんを起用した「死ぬときぐらい好きにさせてよ」という新聞広告が大きな反響を呼びました。広告を見て大きくうなずいた人は多かったと思います。

以前は「終末期」と言われた人生の最後の段階。最近はイメージがネガティブだということで、「人生の最終段階（最終章）」と言い換えられるようになってきました。

その最終章では、認知症、老衰、意識がないなどで自分の意思が伝えられず、本人に代わって延命治療など、終末期医療の方針を、家族や医療・介護関係者が決めることが少なくありません。

本人の意思や事前指示がわからないと、原則として行われるのは延命治療です。病院は「命を救う場所」なので、自然で平穏な終末期を望むのなら、本人の意思表示（事前指示）がないと、望まなくても延命治療をされてしまうのです。

ですから、「自分らしい人生の最終章の生き方」を選択したいと思ったら、事前指示を書いておくか、少なくとも家族などに、ふだんから自分の意思を伝えておくことが大切です。

その「人生の最終章」での医療について、厚労省が一般市民、医師、看護師、施設介護職員を対象に、２０１５年に意識調査を行っています。この調査では、家族と「終末期」について話し合いをしたことがある人は4～5割、事前指示書（リビングウィル）の考え方に賛成している人が7～8割いても、実際に事前指示書を書いている、と答えた人は、一般市民で3％、医師でもわずか5％でした。

「書きたいと思っているけれど、なかなか書けない」大きな理由は、書き方がよくわからない、ということでしょう。新聞社の医療セクションへの問い合わせが多いのも、「事前指示書はどこで入手できるか」というものだそうです。事前指示書のサンプルはインターネットで探すことができますし、希望者に配付する病院もあります。

事前指示書は、単に「延命治療はいりません」だけではなく、具体的な希望を書くことがポイントだと思います。

延命措置では心臓が止まった場合の心肺蘇生術、人工呼吸器での延命治療、経管栄養、胃ろうの増設があります。

また、緩和治療を受けたいのかどうか、最期の時間を過ごす場所をどこにしたいのか、そして、認知症などで判断する能力がなくなったときにはどうしてほしいのか、といった家族などへの希望もあるはずです。

ですから医療の事前指示を書く場合には、「私が認知症になって食べられなくなっても、胃ろうはつけないでください」、「私が植物状態になったときには、人工呼吸器をつけないでください」、「看取りの時期が近づいたら経管栄養は与えないでください」、「自宅で看取りを受けたいので、家に連れ帰ってください」など、自分の希望を具体的に書いておくと、意思がよりはっきり伝わります。

そして、書かないまでもそうした希望を家族間で共有しておく。そうすれば、いざとなったとき、「お父さんはこう望んでいました」「お母さんはこう言っていました」と医師に伝えることができます。

そうしたことは元気なときじゃないとできません。病気が進行したり、看取りが現実的になったときに話をすると深刻になってしまうので、たとえば家族の集まるお盆やお正月、お酒を酌み交わしながら明るく語り合うことをお勧めしています。

とくに認知症になったときや、意識不明になったときは、自分の意思を告げることができませんから、自分らしい終末医療のあり方などを伝える「事前指示」はとても大切なものになってきます。

『ご飯が食べられなくなったらどうしますか？　永源寺の地域まるごとケア』（農山漁村文化協会）という本を書いた滋賀県東近江市の医師、花戸貴司さんは、この本のタイトルと同じように「ご飯が食べられなくなったらどうしますか？」と、自分の患者さんに聞いています。

花戸さんは外来と訪問診療の両方を行っていますが、高齢者が外来を受診し始めたときから、病気や体調の変化の節目節目で、何回もこの質問を繰り返します。そうすると、通院ができなくなって訪問診療に変わっていくうちに、本人の本当の気持ちがだんだんはっきりとしてきて、家族にもそれが伝わっていきます。

そして、お迎えがくる時期になると、花戸さんはそれを家族にはっきり伝え、最期の日々を一緒に支えていきます。医師の側からのそうした支援があれば、家族にとってどれだけ心強いことでしょう。

私の知り合いの80歳になる女性は、マンションでひとり暮らしをしていますが、いつ外で事故にあってもいいように、外出するときには小さな紙に書いた事前報告書を小袋に入れ、いつも首から下げて出かけるそうです。

さらに自宅のテーブルの上には、何かあったら駆けつけた子どもさんたちがすぐわかるよう、遺言書と事前指示書をテーブルの上に……。この話を聞いたときには、これこそ、おひとりさまの鏡だと思いました。

事前指示書については、「書いておいても、意思は変わる」といった批判もありますが、明日、事故に遭うかもしれませんし、突然、脳梗塞を起こして危険な状態になることもあるでしょう。知らない間に認知症が進んでしまうこともあります。

ですから、「気持ちが変わったときには書き換える」くらいの感覚で、まずはエンディングノートなどに自分の希望を書いてみるといいのではないか、と思います。

その6 緊急医療情報を用意しておく

高齢者やおひとりさまにとって、不安のひとつは緊急時の医療です。とくに不安なのは夜中に急に具合が悪くなったとき。家族が自宅で脳梗塞を起こし、救急車を呼ぶこともあるでしょう。

しかし、家族が倒れた本人の医療情報を知らないことが少なくありません。救急車が到着しても、持病が何なのか、どんな薬を飲んでいるのか、かかりつけ医は誰なのかがわからなくて、救急隊員の質問に答えられないこともあります。まともに口がきけなくなっているおひとりさまの場合は、さらに困ります。

そんなときに備え、あちこちの市区町村で導入されているのが「緊急医療情報キット」。自分や家族の医療情報を筒形のプラスチック容器に入れて、冷蔵庫に保管しておく、というものです。「命のバトン」「緊急安心カード」「緊急時あんしんキット」などの名前を工夫してつけている自治体もあります。

緊急医療情報キットは、もともとはアメリカ・オレゴン州のポートランド市で行われていたものを、それを知った大学教師が２００６年に港区に提案し、全国で初めて実現しました。以来、全国の市区町村や地域に広がっています。

冷蔵庫というのが目からうろこでした。というのは、情報は目につくところに置いておかないと、救急隊員が取り出せません。かといって、個人情報だから玄関に吊り下げておくのも不安です。その点、冷蔵庫というのは、開けないと取り出せないからです。

地方の講演会でこの話をしたら「冷蔵庫だと場所取りになってじゃまだから、玄関にぶら下げている」という方がいて、会場が大笑いになりました。その町では情報キットがそれほど日常的なものになっているということでしょう。

当初は情報が入った筒を冷蔵庫に入れておくだけでしたが、そのうちに玄関や冷蔵庫に貼るステッカーを同時配付するところも出てきました。今ではステッカーをセットにして配付している市区町村や地域は少なくありません。必要な医療情報を1枚に書き込むカードを配付しているところもあります。

配付対象の年齢もまちまちで、「60歳以上」や「ひとり暮らし」などの限定が大半ですが、「全戸配付」している太っ腹な自治体もあります。こうしたシステムは、救急隊員を手配する消防署が協力してくれればできるので、自治会や地域で独自につくっちゃった、というところもあります。

「緊急医療情報キット」が自宅にあっても、外で倒れたり、事故にあったりしたときには役に立ちません。そこで私は外出時用の医療情報カードをつくり、8年前からお財布に入れています。

参考にしたのは、アメリカの緊急医療情報カードでした。内容は住所・氏名、現在かかっている病気、現在飲んでいるお薬、アレルギー反応、血液型、既往症、手術歴、健康保険者番号、かかりつけ医の連絡先、緊急時の連絡先などです。お財布に入るサイズの紙に、手書きでもパソコンでもいいので小さな文字で必要事項を書き（裏面まで使うと、かなりの情報量が入ります）、ラミネート加工（パウチ加工）したり、手張りフィルムを貼れば、簡単にカードになります。

とくに、一刻一秒を争う緊急時には、かかっている病気や、飲んでいる薬、アレルギー反応、血液型がわかれば、すぐさま処置にかかれます。

これをつくったときには、まだどこの市区町村でもつくっていませんでしたが、最近では名古屋市の「あんしんカード」のように、登録してカードを受け取る、という制度も出てきました。

制度では年齢制限などがあり、多くの自治体では「65歳以上で身体に障害のある方」と「70歳以上の方」が配付の対象です。とはいえ、外で「緊急事態」に見舞われるのは高齢者ばかりではありません。そこで、私は自分の医療情報カードをつくることをお勧めしています。

本当はこういうキットやカードは、病院や診療所がもっている自分の医療データとリンクできるようなシステムができるといいと思います。埼玉県の地域医療ネットワークシステム「とねっと」のように、地域によってはそうした試みが行われているところも出てきましたが、まだまだ一般的ではありません。

東京都の大田区では「ＳＯＳみま〜もキーホルダー」を配付しています。これは地域包括支援センターに情報を登録し、個人番号の入ったキーホルダーを携帯することで、高齢者本人が外出先で突然倒れ、救急搬送された場合など、住所・氏名等の確認が迅速に行えるようにするためのものです。認知症の人が保護された場合にも役立つということで、全国から関心を集め、独自のキーホルダーをつくる自治体も増えてきました。

とりあえずカードは自分ひとりでもつくれますので、ご自分用の緊急医療情報カードをつくってみたらいかがでしょうか。「自分の身は自分で守る」を、できるところから始めていきたいものです。

その7 終の住みかを考える

老後を自分らしく、いきいきと元気に暮らすためには、3つの原則があります。

①自分で決めること
②自分自身のもてる力を出しきること
③居住を不連続にしないこと

これはデンマークの「高齢者福祉の3原則」と呼ばれるものですが、高齢期の住まいの選択に関しても同じことが言えます。

第1の原則は、自分の人生は自分で決めるという「自己決定の尊重」です。日本ではこれまで家族や社会が高齢者の生き方を決め、高齢者がそれに合わせることが多かった。そうではなく、高齢者自身が自分の生き方を決め、その意思を家族や社会が尊重するということです。

2番目の原則は、自分自身のもてる力を出しきること、つまり、「残った能力の活用」です。「自分でできることは自分でやる」というのはとても大切なことです。

認知症になった友人の介護では、おおいに反省したことがあります。本人が「何か手伝うことはない？」と言っているのに、時間がないことを理由に私が代わりにやってしまうことが多かったからです。4年前から彼女が入っているグループホームでは、認知症の人の力を引き出すため、職員が一緒に家事などを行っています。その結果、それまでには見えなかった生活意欲が本人に出てきました。

3番目の原則は、居住を不連続にしないこと、つまり「生活の連続性」です。昨今、高齢者の地方移住が提言されていますが、若いころなら、外国でもどこでも暮らすことができる柔軟さがあります。しかし、年を取ると住み慣れた環境から移り住むことが、大きなストレスになります。

ですから、もしも両親や自分が高齢者住宅や施設に移り住むことになっても、できるだけ住み慣れた地域で、それまでの友人や知人たち、それまでの暮らし方とつながって生きていくことが大切だと私は思っています。家具も使い慣れたものを運び込むなど、それまでの暮らし方とのつながりを大事にしたいものです。

高齢期の住まい方は、大きく3つに分けることができます。

①最期まで自宅で生活をする
②できるだけ自宅に住み続け、自宅で暮らせなくなったら介護付きの施設や高齢者ホームに移る
③早目に高齢者住宅やホームに移り、必要なサービスを受けながら暮らす

講演などで参加者に手を上げてもらうと、地域差はありますが、もっとも多いのが2番目です。「できるだけ自宅に住み続け、自宅で暮らせなくなったら施設が病院」というのは、1970年代ころからの日本人の老後の暮らし方の定番でした。とくに病院や高齢者施設の多い地域ではいまだにこの考え方は変わっていません。

1番目の「最期まで自宅」派が増えてきたように感じるのは、東京都内です。在宅医療が身近になってきたことに加え、施設に入りにくいこと、高齢者住宅やホームが高価なことなどがあげられるでしょう。

とはいえ、選択はそう簡単ではありません。住まい方を選んだつもりでも思いは揺れますし、「そのうちに……」と先送りを続けているうちに、いきなり介護状態になっておおあわて、という方も少なくありません。高齢期には予期せぬことが起こるからです。

数年前から機会があるごとに在宅訪問医にお願いをし、往診同行をさせてもらっていますが、高齢期の住まい方は本当にさまざまです。

次第に体調が悪くなっていったために、不自由な自宅がゴミ屋敷状態になっている老々夫婦やおひとりさま、脳梗塞による片麻痺などで歩行障害をもったために、エレベーターのない古いマンションの3階、4階から降りられなくなってしまった人……。そんな現状を見ると、自宅に住み続けるためには、ある程度の準備が必要だと思い知らされます。

家のリフォームもそうですが、ほとんどの人は医療や介護については、その場になるまでなかなか考えないものです。でも、その時になってからでは間に合いません。介護や医療、自分のケアについては、「不健康な時期」になる前に考えておきたいものです。そこで、自分の「ケア」をイメージしてみましょう。

■どこでケアを受けたいか：自宅／有料老人ホーム／施設／病院
■誰からケアを受けたいか：配偶者／子どもたち／プロの介護士
■どこで看取りを受けたいか：自宅／有料老人ホーム／施設／病院

高齢者住宅や施設に移り住むことになっても、そこが最期まで安心して「自分らしい生活」が続けられる場所かどうか、を考えてみてください。

20年以上前になりますが、「人が主（あるじ）と書いて住まいという」という建設会社のコマーシャルがありました。

高齢者住宅であろうと施設であろうと、そこが、居住者自身が主（あるじ）である「住まい」であり「暮らしの場」になっているかどうか――。人が安らかに一生を終えるための「終の住みか」には、そうした視点が求められています。

その8 在宅医療を味方につける

団塊の世代が75歳になる2025年に向けて、介護+医療の「大改革」が進んでいます。高齢人口の増加+長寿化が進み、国の社会保障費はうなぎのぼり。そんな状況を背景に、国は「病院から在宅」への流れを決めました。特養など国の介護施設もパンク状態だということで、サービス付き高齢住宅への居住を含めた「施設から在宅」へという流れも始まっています。

「病院から在宅」へ、「施設から在宅」へ。入院が必要になっても短期間になってきたため、「ときどき入院、ほぼ在宅」と書いた新聞もありました。その方向は、これからますます進んでいきます。

「病院から在宅」を実現するためには、地域にその受け皿が必要だということで、充実を期待されているのが在宅医療です。それでなくとも、病院には長くいられなくなる時代。そこで、自分らしい「終活」のための10か条の8では、「在宅医療について知っておく」を挙げました。

前項でもふれたように私は機会があるたびに、訪問診療をするお医者さんや訪問看護師さん、理学療法士さんに診療同行をお願いしています。東京都内がほとんどですが、富山県や滋賀県、そして北海道でも訪問診療や訪問介護の同行取材をし、訪ねたお宅は200軒近くになりました。

さまざまな人が自宅で介護と医療を受けています。慢性病や認知症の人から、難病や身体障害、がんの末期の人まで、在宅ケアを受ける人の姿は百人百色です。

脳梗塞で寝たきりになったのに加えて言葉を発することができなくなり、家族とまばたきで会話しながら10年間自宅で暮らしている男性。老々介護で認知症の夫の介護をしているうちに、自分も認知症になってしまった奥さん。糖尿病で足を切ったため、エレベーターのないマンションの4階から降りられなくなってしまったお父さん……。

13トリソミーという染色体異常で生まれ、人工呼吸器をつけている5歳の女の子、事故で脊髄を損傷し四肢麻痺になった男性……。自宅で最期を迎えようとしている末期がんのおひとりさまや、地域の方たちに支えられながら暮らしている、何人もの認知症のおひとりさまにも会いました。

在宅医療というのは、私たちが通院できなくなったら自宅に訪問してくれる医療です。医師による訪問診療のほか、訪問看護、訪問リハビリ、訪問歯科、訪問薬剤師などが含まれ、子どもから高齢者、慢性疾患や認知症から難病、末期がん、人工透析が必要な人まで、基本的にはどんな状態、どんな病気にも対応しています。

医師の力量にもよりますが、最近では在宅医療ができないことは、先端医療や手術以外、ほとんどなくなりました。しばらく前までは、検査は自宅でできないと言われていましたが、最近ではエコーも心電図をとる心電計も小型化し、片手で持てる7インチタブレット型のポケットエコーも登場しています。

とはいえ、全国的に見ると在宅医療の進み具合には大きなばらつきがあります。退院後の医療ケアをフォローしようと、病院でも「在宅医療部」を新設するところが少しずつ増えてはきましたが、とくに病院と施設の多い「西日本」と北海道などでは、在宅医療がない地域も少なくありません。関東圏の埼玉県や茨城県でも「訪問診療をする医師がいない」と、市長さんが頭を抱える自治体がありました。

「病院から在宅」と言われても、地域にその受け皿がないと、それまで住んでいた自宅や高齢者住宅には戻れません。そのため、国は「地域包括ケア」のしくみをそれぞれの地域でつくるよう、自治体に求めています。「地域包括ケア」なんて言ってもふつうの人にはわからないので、東近江の花戸医師に倣って「地域まるごとケア」と呼んでいたら、その言葉が厚労省の資料にも出てくるようになりました。

在宅医療というと「看取り」のことばかりがクローズアップされていますが、在宅医療は障害や認知症、慢性疾患などのある人がよりよく生き、穏やかな看取りを迎えるための医療です。自宅ばかりでなく、有料老人ホームやサービス付き高齢者住宅、グループホームなども訪問の対象となりますので、「できるだけ最期まで自宅に住みたい」という方ばかりでなく、「いずれは高齢者住宅へ」と考える方にも、ぜひ知っておいていただきたい医療です。

在宅医療の相談先は、もよりの地域包括支援センター。24時間365日対応する在宅療養支援診療所や、往診をする診療所などを紹介してくれます。ホームページで在宅医療をする医師のリストを掲載する自治体や地域の医師会も増えてきました。

インターネットで「在宅医療」「在宅診療」「在宅ホスピス」などのキーワードで検索すると、お住まいの地域の在宅医療機関を自分で探せる手がかりサイトもたくさん出てきます。

「知らない」からと遠ざけるのではなく、医療と介護の知識を身につければ、高齢期のケアは楽になっていきます。在宅医療についての講座も増えてきましたので、自治体の広報などで見つけたらぜひ足を運んでみてください。地元の医師や看護師などに話を聞き、実際に相談できるいいチャンスです。

その9 成年後見制度について知る

認知症の人は、これからさらに増えていくと言われています。いまは健康でも、5人に1人は発症する可能性のある認知症。家族や自分が認知症にならないとは限りません。そのときのために、知っておきたいのが成年後見制度です。成年後見は、認知症でお金の管理ができなくなったときや、障害のある子どもを持つ両親が、自分たちが死んだ後のことを考えて利用する制度で、介護保険と同じ2000年に始まりました。

制度の利用者でいちばん多いのは、認知症などで振込や定期預金の解約など、銀行の手続きができなくなった人。以下、不動産の売買が自分ではできなくなったとき。遺産分割の相続人の中に認知症の人がいて、その人の権利を守る必要が出てきたとき……。

さらに、詐欺被害から守りたい、親族による年金などの使い込みがあって困っている、障害のある子どもがいる、おひとりさまの老後が心配、という人もいます。

この制度が始まったときには、ほとんどが親族による後見でした。しかし、昨年のデータでは親族は約35％で、残りの65％が弁護士、司法書士、社会福祉士など、親族以外です。ちなみに親族というのは配偶者と四親等の親戚で、いとこや姪や甥の子ども、やしゃ孫までが含まれます。

成年後見制度には2種類あり、後見を受ける人の判断力がすでに衰えている場合は「法定後見」、後見を受ける人が、まだ判断力があるうちに、あらかじめ後見の契約を結んでおくのが「任意後見」です。法定後見は法律の規定による後見制度で、任意後見は受けたい人が自分で「この人に後見を頼みたい」と決める、契約による後見制度です。

法定後見では、判断能力があるほうから「補助」「補佐」「後見」の3種類があり、後見人になる人が家庭裁判所に申し立てます。家族と弁護士や司法書士が複数で後見をすることもできますが、後見人を見張る後見監督人が裁判所から選任されることもあります。

任意後見では、本人と後見を依頼された人が公証役場へ一緒に行き、公正証書を作成して契約をします。後見契約をするときには「私が認知症にならないか、ちゃんと見守っていてください」という見守り契約、本人にお金の管理ができなくなったら「あなたがしてもいいですよ」という「財産管理委任契約」、亡くなったあとのことを頼む「死後事務委任契約」などを必要に応じて結びますが、後見人の仕事が実際に始まるのは「任意後見監督人」を家庭裁判所に申し立てて受理され、後見監督人が選任されてからです。

私は認知症になった友人から頼まれて、任意後見人を引き受けていますが、認知症でも判断力がまだあるとみなされた場合は、「任意後見」が受けられる場合もあります。公証役場に打診し、本人と一緒に相談に行ってみてください。

成年後見制度を利用している人の数は、日本ではまだまだ少ないのが現状です。日本の人口（約1億2650万人）の4分の3しか人口のないドイツ（約8200万人）では、100万人が成年後見制度を利用している、と言われていますが、日本では法定後見の利用者が約18万人、任意後見は1万2000人と増えてきたものの、全体で20万人にも届きません。

後見人の主な仕事は、本人のための支払い、通帳や現金の管理、財産の処分、契約の取り消しなどの「財産管理」と、介護の契約や病院・施設への入院・入所の手続き、保険金の請求などの「身上監護」です。原則として年に1度、家庭裁判所に報告をします。

後見人にはできないこともあります。介護そのもの、身元保証人になること、医療行為（手術など）の同意、そして、離婚や養子縁組、離縁の手続きや、遺言を作成することです。ただし、家族の場合は介護や医療行為の同意をすることが可能です。

後見人の報酬は、基本的には本人の財産がどれくらいあるかで家庭裁判所が判断します。任意後見も法定後見も、管理財産額が5000万円以下の場合は、月額2～3万円＋不動産売却の付加報酬というのが基本です。後見監督人の報酬は月1万円程度が基本で、不動産の売買など大きな仕事にかかわった場合は、同じように付加報酬がつきます。

成年後見について詳しく知りたい方は、地域包括支援センターか、社会福祉協議会（成年後見センター）に問い合わせてください。わかりやすいパンフレットが用意されていますし、社会福祉協議会では弁護士などによる無料の相談会も開かれています。

おひとりさまが高齢になると、身元保証から死後の始末までしてくれるという、いわゆる「見守り・生前まるごと契約」に関心をもつ人も増えてきます。良心的なところもありますが、安易にまかせるのは禁物です。

そうした契約をする前に、日々の暮らしに不安が出てきたら、社会福祉協議会の「日常生活自立支援事業」（名称は「かけはし」「あんしんサービス」などさまざま）を利用してみたらいかがでしょうか。どんなことが頼めるのかというと……、
①福祉サービスの情報提供、利用援助、利用代行、②日常の金銭管理（年金、福祉手当、社会保険料、病院支払い）、③書類預かりサービス（大切な書類、通帳、印鑑などの預かり）。
相談は無料で、サービスも1時間1000円程度から利用できます。身元保証と手術の同意はしてくれませんが、時代のニーズに合わせて、東京足立区の社会福祉協議会のように、身元保証をする機関もわずかですが出てきました。

この「日常生活自立支援事業」から、成年後見につなげることもできます。制度を知って上手に利用し、老後の安心にそなえてください。

その10

「自分力」「人もち力」「地域力」でケアのまちづくりを考える

これからますます大切になってくるのが、住民自身のちからと地域での人のつながりです。高齢期の未来ばかりではなく、大げさに言えば、日本の未来は「住民力」や「地域力」にかかっていると言っていいと思います。

高齢者の増大で社会保障費は増え続け、介護保険をはじめとする公的なサービスは、やせ細るばかり。公的保険料を含め、私たちが払う費用の負担もどんどん増えていきます。しかも、ひとり暮らしや老々夫婦が増え、家族だけで介護を支えることは、ますます困難になっています。

いまは「元気中年」「元気老人」の私たちも、いずれは「病気老人」「介護老人」の仲間入りをしていきます。そうなったときに大切になってくるのが、地域の医療・介護・福祉のつながりと、地域のささえあいのネットワークです。

こういうことを考えるようになったのは、14年前に突然飛び込んできた、認知症になったひとり暮らしの友人の介護がきっかけでした。介護の途中でふと気が付きました。「あれ？　私って自分の住む地域について何も知らないぞ」。

地域の医療・介護・福祉の資源や、利用できる制度のことを知る必要があると考えていた矢先の2008年、在住の世田谷区で、行政と区民と事業者が「協働」で福祉の実践をする、というプロジェクトが立ち上がりました。

そこに参加したのが、私の地域活動の第一歩です。友人の介護を通じて「いい医療や介護を受けるためには、それを利用する住民自身が学ぶ必要がある」と身にしみて感じるようになっていたので、私は介護家族や住民の視点で「在宅ケア」を考える講座活動を提案しました。

この講座活動には介護家族や住民から医療・介護の専門職まで、職種を超えた人たちが集まりました。そして「最期まで自宅で暮らす」をテーマに、当時はまだ新しかった在宅医療、多職種連携、在宅看取りなどを取り上げ、地域の医療と介護の専門職、介護家族を招き、シンポジウムや講座を開きました。

介護と、この地域活動で学んだことはたくさんあります。ひとつは「医療と介護と周囲の連携」の大切さです。私はこの講座活動で知り合ったお医者さんや訪問看護師さんにお願いし、往診同行を始めましたが、同行させてくださったドクターたちに必ずお聞きしたことがありました。それは「在宅ひとり死は可能でしょうか?」ということです。

ドクターたちはこう答えました。「可能ですよ。認知症はちょっとハードルが高いけどね」。実際にドクターたちは医療と介護、そして周囲や地域の人たちの協力で、認知症のおひとりさまを何人も自宅で看取っています。

もうひとつ学んだのは、前にもふれましたが「誰でも病気や要介護状態の予備軍」だということです。いまは「元気老人」でも、やがては「病気老人」「要介護老人」……。そうした「自分ごと」の意識をもって、私たちが医療や介護を学んでいくことが大切だということでした。

そして3つめが、地域には本当にたくさんの人の資源があるということです。でも、点はたくさんあっても、ほとんどつながっていません。人をネットワークするしくみがないのです。

つながりの輪を広げていくためのキーワードを考えてみました。まずは「ちょっとずつのおせっかい」。おせっかいはされすぎるとうっとうしいものですが、小さなおせっかいは人と人とをゆるやかにつないでいきます。

次は「できることを、できるだけ」。どんなに小さな行為でも人のために自分ができることをする人が増え、そうした人が増えていけば、いつかは大きなちからになっていきます。

そして、「社会資源」としての高齢者になる。年をとってもできることはたくさんあります。年齢を重ねて経験を積んだからこそ、できることもあるでしょう。そうしたちからが地域にはどれだけ眠っていることか。自分でもそのちからを実感することが、高齢者にとっての「生きがい」にもつながっていきます。

これらのちからを引き出していく人も、地域には必要です。「おせっかいさん」のいる地域はネットワークがつくりやすい、ということもだんだんわかってきました。

国によるセーフティネットが薄くなり続けるこうした時代の中では、私たち自身もどうしたら「安心して生まれ」「安心して暮らし」、自分らしい「ケア」を受け、「安心して死ねる」まちをつくっていけるのかを、真剣に考えていかないといけません。

私たちが医療や介護や福祉を学ぶことで「自分力」をつけ、友人をもつ「人もち力」で地域にある「ケア」の資源をつなぎ、医療や介護の専門職と一緒にケアのあり方を考えながら「住民力」をつけていくことで、「ケアのまちづくり」が広がっていく……。

そんな思いをもつ人たちと一緒に、ケアを未来につなげていく実践を続けていきたいと思っています。

あとがき

２０１４年10月から2年間、東京・中日新聞でコラム「介護転ばぬ先に」を連載しました。タイトル通り、介護をこれから始める人と介護のビギナーに、わかりやすく制度や情報を紹介しようというのがテーマです。現在進行形で続いている私自身の２つの介護体験も取り入れながら、介護で出会うさまざまな出来事の基本をお伝えしようと始めたコラムは、おかげさまで、好評のうちに終了しました。

本書はそのコラムに大幅加筆。さらに、日ごろ講演の中で取り上げ、好評いただいだいている「自分らしい『終活』のための10か条」も加筆し、合わせて掲載しました。

いずれは誰にでもやってくる介護に、怖がらず向き合うためのきっかけとして、本書をお手に取っていただけたら幸いです。書籍化を快諾してくださった東京・中日新聞と、現場感あふれるイラストを描いてくださった作業療法士の南澤かおりさん、出版元の築地書館の皆さん方にお礼を申しあげます。

２０１７年1月

中澤まゆみ

【著者紹介】

中澤まゆみ

1949年長野県生まれ。雑誌編集者を経てライターに。人物インタビュー、ルポルタージュを書くかたわら、アジア、アフリカ、アメリカに取材。『ユリ―日系二世NYハーレムに生きる』（文藝春秋）などを出版した。その後、自らの介護体験を契機に医療・介護・福祉・高齢者問題にテーマを移し、『おひとりさまの「法律」』、『男おひとりさま術』（ともに法研）、『おひとりさまの終活―自分らしい老後と最後の準備』（三省堂）、『おひとりさまでも最期まで在宅　第2版』、『おひとりさまの終の住みか』（ともに築地書館）などを出版。今回は、介護予備軍と介護ビギナーに向けて連載した新聞コラムと、講演で好評を得ている「終活」のポイントに大幅に加筆してまとめた。

おひとりさまの介護はじめ55話
親と自分の在宅ケア・終活10か条

2017年2月　1日　第1版初版発行
2018年4月18日　2刷発行

著者　中澤まゆみ
発行者　土井二郎
発行所　築地書館株式会社
東京都中央区築地7-4-4-201　〒104-0045
TEL 03-3542-3731　FAX 03-3541-5799
http://www.tsukiji-shokan.co.jp/
振替 00110-5-19057
印刷・製本　シナノ出版印刷株式会社
装丁　秋山香代子（grato grafica）
本文イラスト　南澤かおり

ISBN 978-4-8067-1530-6